"互联网+"
颠覆式营销

刘华鹏◎著

"秒杀"时代，营销创意与执行定胜负！

打造营销团队，决胜营销战场！

唯有个性化营销、创新营销、专业营销，才能赢得消费主体！

经济管理出版社

ECONOMY & MANAGEMENT PUBLISHING HOUSE

图书在版编目（CIP）数据

"互联网＋"颠覆式营销/刘华鹏著．—北京：经济管理出版社，2016.4
ISBN 978－7－5096－4276－4

Ⅰ．①互…　Ⅱ．①刘…　Ⅲ．①网络营销　Ⅳ．①F713.36

中国版本图书馆 CIP 数据核字（2016）第 047446 号

组稿编辑：张　艳
责任编辑：胡　茜
责任印制：黄章平
责任校对：赵天宇

出版发行：经济管理出版社
　　　　　（北京市海淀区北蜂窝 8 号中雅大厦 A 座 11 层　100038）
网　　址：www.E－mp.com.cn
电　　话：（010）51915602
印　　刷：北京晨旭印刷厂
经　　销：新华书店
开　　本：720mm×1000mm/16
印　　张：11.75
字　　数：143 千字
版　　次：2016 年 4 月第 1 版　2016 年 4 月第 1 次印刷
书　　号：ISBN 978－7－5096－4276－4
定　　价：35.00 元

前　言

时下媒体环境瞬息万变，话题传播的机会稍纵即逝，我们正在进入一个传播的"秒杀"时代。科技的发展、传播手段的创新、市场及消费者的变化，需要企业营销紧跟时代的快节奏，在新的传播环境下，洞察消费者需求，紧跟媒体传播趋势，在创意与执行两方面练就快速反应能力。基于这样的背景和时代要求，《"互联网＋"颠覆式营销》一书新鲜出炉，从以下八个方面告诉你在"互联网＋"时代如何做营销。

企业营销主题的发展与变化：这部分展示了营销发展各个时期的不同时代特征，即以产品为中心的营销1.0时代、以消费者为中心的营销2.0时代、以价值观为中心的营销3.0时代，以及新整合营销的营销4.0时代。在不同的营销时代，企业的营销观念也随着营销环境的变化而变化，逐渐形成了企业现代营销观念体系，并有了新的发展。

"互联网＋"时代营销环境的嬗变：这部分内容重点阐释了已经成长为消费主体的"80后"、"90后"的消费个性化、社交化、娱乐化特征，指出他们的消费观念、消费权利、消费话语正在深刻影响着企业的市场营销策略，强调了企业把握这一消费主体消费特征的必要性及对企业的重要意义。

"互联网＋"时代四大营销策略：这部分阐述了"互联网＋"时代的企业应该采取四大营销策略，即大数据营销策略、高品质内容营销策略、社群化传播营销策略和场景化匹配营销策略，旨在说明它们对口碑传播的重要影响和作用。

"互联网+"时代的网络营销：这部分强调了"互联网+"时代网络营销的几个关键抓手，即运用微信5.0新模式进行个性化营销，掌握电商营销的新突围方式，实施快速低成本的全网营销，用微信建设和传播集团品牌，尝试独特的O2O2O推广营销形式，并对其进行论述，给出了从中寻求转型升级的突破性路径。

"互联网+"时代的创新营销：这部分分别对APP营销、品牌营销与商业模式创新、跨界招商、创新处理高库存问题的方法进行了论述，强调只有通过营销创新，才能提高企业增长水平，才能在"互联网+"时代立于不败之地。

"互联网+"时代的专业营销：这部分从专业角度对色彩营销的要点、新产品推广步骤、助销客户的策略和方法、门店经营商业模式、超越"顾问式销售"的引导型销售及做一个专业营销人的问题进行论述，以期帮助企业的营销实现规范化、专业化。

"互联网+"时代的营销管理：这部分指出并论述了企业营销管理方向和方法，包括营销团队的人员甄选与培训、打造一支优秀的营销团队、遵循绩效考核"三重一轻"新原则、科学准确地判断经销商的素质高低、将心理效应适当运用到团队管理实践中等几个方面，有助于企业打造一支强有力的营销团队。

"互联网+"时代的品牌策划：这部分强调了"互联网+"时代的品牌策划还是要脚踏实地地前行，注重把握新产品上市的背景，运用产品营销的虚实策略，策划产品承诺和履行承诺，做好新闻营销的策划等。

本书理论联系实际，在论述过程中结合典型案例予以解析，具有实用性和可操作性，是"互联网+"时代企业及其营销团队不可或缺的指导性读物。

目 录

第一章 企业营销主题的发展与变化

"现代营销学之父"菲利普·科特勒把营销分为 3 个时代,即营销 1.0 时代、营销 2.0 时代和营销 3.0 时代。营销 1.0 时代最突出的特征是以产品为中心,营销 2.0 时代的特征是顾客掌握购买主动权,营销 3.0 时代的特征是顾客要求了解、参与和监督企业营销在内的各环节。对于营销 4.0 时代,说法不一,但是比较多的说法是营销 4.0 时代是新整合营销时代。伴随着营销的不同发展时代,企业营销观念也随着营销环境的变化而变化,逐渐形成了企业现代营销观念体系,并有了新的发展。

第二章 "互联网 +"时代营销环境的嬗变

营销环境就是某产品销售的市场环境。当前营销环境的重要标志是,

"80后"、"90后"作为一个崛起的消费群体,已经成为了消费主体,并形成个性化、社交化、娱乐化的特征,他们的消费观念、消费权利、消费话语正在深刻影响着企业的市场营销策略。如何深刻地解读这一消费主体的消费心理,把握其个性化、社交化、娱乐化的时代特征,对于任何一家企业抢占未来市场都具有非常重要的意义。只有敏锐地洞察消费主体的消费心理特点,才能找到真正的商机,营销策略才可能会有效。

第三章 "互联网+"时代四大营销策略·······53

随着"互联网+"上升为国家战略,无论是互联网企业还是传统企业都期待能在互联网营销领域有所作为。然而无论是线上还是线下,口碑传播都是强有力的工具之一。但请记住,口碑传播行为是一种带有情绪的选择过程,只有忠诚的消费者才会对品牌有很强的黏性,而他们也会积极地影响周边人的购买决策。因此,"互联网+"时代的企业应该采取四大营销策略,即大数据营销策略、高品质内容营销策略、社群化传播营销策略和场景化匹配营销策略,以此形成良好的口碑传播。

第四章 "互联网+"时代的网络营销 ············· 75

电子商务在中国已步入了黄金时代，然而在营销竞争中，企业的电子商务却遇到种种困境，企业如何高效地开展电子商务成为重头戏。事实上，"互联网+"时代的网络营销，关键在于这样几个方面：运用微信5.0新模式进行个性化营销、掌握电商营销的新突围方式、实施快速低成本的全网营销、用微信建设和传播集团品牌、尝试独特的O2O2O推广营销形式。无论是闯局成功的互联网新贵，还是寻求变局的传统企业，都应该从上述几个方面寻求解决办法，以期实现转型升级的突破。

第五章 "互联网+"时代的创新营销 ············· 95

随着"互联网+"时代的到来，企业的营销环境呈现出了新的特点，传统营销模式已经跟不上时代的发展。为此，企业必须不断结合自身特点进行营销策略的创新。营销创新是推动企业发展的主导力量，企业要制胜"互联网+"时代，提升企业核心竞争力，需要做到利用APP营销实现颠覆性创新，进行品牌营销与商业模式创新，运用思维逻辑做跨界招商，创新处理高库存问题。只有通过营销创新，才能提高企业增长水平，才能在"互联网+"时代立于不败之地。

第六章 "互联网+"时代的专业营销 …………… 113

专业营销是指具有专业知识和专业理论水平的专业人士，通过知识营销、智慧营销、方案营销，实现企业价值观念、服务意识、文化理念的推销，从而让客户认识、接受乃至享受企业的业务。"互联网+"时代的专业营销，需要营销人员掌握色彩营销的要点与步骤，确保新产品成功推广，助销你的客户，探索门店经营新模式，进行超越"顾问式销售"的营销，并致力于把自己打造成一个专业的营销人。

第七章 "互联网+"时代的营销管理 …………… 141

在企业中，有了营销管理，营销就会变得井然有序，各个部门之间的配合也会非常默契，工作效率自然也会提高。在"互联网+"时代，企业的营销管理需要将这样几个方面作为抓手：营销团队的人员甄选与培训，打造一支优秀的营销团队，遵循绩效考核"三重一轻"新原则，科学准确地判断经销商的素质高低，将心理效应适当运用到团队管理实践中。企业必须不断实践、不断总结、不断创新，才能打造一支强有力的营销团队，助推企业长久发展。

第八章 "互联网+"时代的品牌策划 ……………… 161

品牌价值来源于对消费者的正确把握，那种看似轻描淡写的企业品牌的成功，其实是源自抓住消费者内心的成功。在"互联网+"时代，更多的品牌还是要脚踏实地前行，除了传统的品牌营销理论做支撑之外，品牌策划需要把握新产品上市的背景，运用产品营销的虚实策略，策划产品承诺和履行承诺，做好新闻营销的策划。从整个经济大格局上来看，品牌仍然是决定企业成功与否的核心要素。

后 记 …………………………………………………… 177

第一章 企业营销主题的发展与变化

"现代营销学之父"菲利普·科特勒把营销分为3个时代，即营销1.0时代、营销2.0时代和营销3.0时代。营销1.0时代最突出的特征是以产品为中心，营销2.0时代的特征是顾客掌握购买主动权，营销3.0时代的特征是顾客要求了解、参与和监督企业营销在内的各环节。对于营销4.0时代，说法不一，但是比较多的说法是营销4.0时代是新整合营销时代。伴随着营销的不同发展时代，企业营销观念也随着营销环境的变化而变化，逐渐形成了企业现代营销观念体系，并有了新的发展。

一、营销1.0时代，以产品为中心的时代

营销1.0就是工业化时代以产品为中心的营销，其目的是销售产品，"把工厂生产的产品全部卖给有支付能力的人"。在营销1.0时代的企业眼中，市场仅是一群具有生理需求的大众买方。为了满足大众市场需求，企业尽可能地扩大规模、标准化产品，不断降低成本，以形成低价格来吸引顾客。最典型的例子莫过于当年只有一种颜色的福特T型车，正如福特汽车公司建立者

亨利·福特所言："无论你需要什么颜色的汽车，福特只有黑色的。"这就是以产品为中心的时代。

营销 1.0 时代的企业活动一切围绕"以产品为中心"而展开，而且营销尚停留在战术阶段，几乎不需要任何创新。这说明营销 1.0 时代基本上是卖方市场的时代，其营销途径和方式主要包括 SEO、知识营销、电子邮件营销、软文营销、博客 BLOG 营销、社区营销和 B2B 营销，如图 1-1 所示。

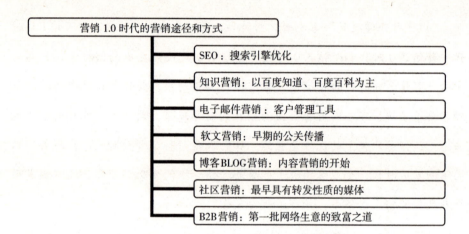

图 1-1　营销 1.0 时代的营销途径和方式

☞SEO：搜索引擎优化

互联网营销刚开始的时候就是"百度一下，你就知道"的时期，大家想要找点什么东西肯定会先"百度一下"。在这种情况下，诞生出了一大批的 SEO 公司，专做百度搜索优化。有句话说"内部优化，内容为王；外部优化，外链为皇"，这就是 SEO 公司的主要工作。所谓"搜索引擎营销"，其基本思想就是让用户发现信息，并通过搜索引擎的搜索点击进入网站或网页进一步了解他所需要的信息。这讲究的是被搜索引擎收录并在搜索结果中排名靠前。

SEO 由英文 Search Engine Optimization 缩写而来，中文译为"搜索引擎优化"。操作上一般先设定好关键词，然后通过技术手段进行网站的代码优化，或者到分类信息网站如"58 同城"上发布产品信息，强调要让标题带有设置的关键词。

☞知识营销：以百度知道、百度百科为主

知识营销也叫口碑营销，百度在做内容精品化上做得最好的产品就是"百度百科"和"百度知道"。当人们不再相信网络上乱七八糟的东西、对网络诈骗起了防备之心的时候，就非常渴望网络能给他们提供精准、正确的信息，于是"百科"和"知道"就成为了人们信任互联网信息的两大阵地。当然，人们有这个需求，营销人是不会放过这个机会的，这个时候网络推手们开始做"1 条百度知道收费 20 元"、"建立 1 条百度百科收费 1000 元"的生意。

一般的品牌营销操作是百度知道自问自答并在答案上植入广告信息，百度文库则是企业耐心上传尽量多的文档供人下载，并带出广告信息。百科属于精品化内容，有专业的人工审核，要编辑成功百科，该信息必须要有新闻媒体的报道，有一定的知名度。

☞电子邮件营销：客户管理工具

电子邮件营销其实是互联网上促成第一笔订单的营销方式。1994 年，美国一对从事移民签证服务的律师夫妇坎特和西格尔把一封"绿卡抽奖"的广告信发到他们可以发现的 6500 个新闻组，在当时引起了疯狂的下载与转发。只花了不到 20 美元的上网通信费用就吸引来了 2.5 万个潜在客户，其中有

1000 个转化为新客户，这对夫妇从中赚到了 10 万美元。

在中国，电子邮件营销真正成为潮流的时间落后了美国 10 年，营销方式就是通过邮箱数据库发送垃圾广告邮件。这个时候就出现了很多邮件营销的公司，设置一个服务器，收集很多邮箱号码，每天帮企业发送无数的广告邮件出去，一封邮件收费 5 分钱。到现在，电子邮件已经成为了企业的客户管理工具，企业组建自己的客户数据库，不定期地向自己的客户推送促销广告。

☞软文营销：早期的公关传播

互联网发展到一定的程度，网络信息泛滥，人们已经不知道哪些是真的哪些是假的。那个时候，新闻在人们的感知里面是最真实的信息，于是营销人员开始买通一些新闻网站的编辑，发布一些公关性文章，为企业造知名度。后来慢慢的这个模式就被固化下来了，发布新闻也成为了每个企业必须做的事情，新闻媒体也成了一个营销媒体。

在操作方式上，就是找一家公关公司或者网络资源公司进行软文代发，一般一篇软文价格在 100 元左右。

☞博客 BLOG 营销：内容营销的开始

企业通过建立博客，日常发布产品相关的知识，获取来自搜索引擎和博客入口的流量。通过知识传播的方式与消费者建立信任，将网友转化成消费客户。新浪博客是国内做得最成熟的博客之一，也是明星们首批拥有自己独立互联网空间的地方，新浪也由此构建起了强势的明星资源，这部分资源也造就了微博的流行。

☞社区营销：最早具有转发性质的媒体

论坛和 SNS 社区是一个内容开放的分享平台，网友可以在论坛上对一个事件进行讨论。由于内容开放还可以营造很多网友的互动，是一个很好的口碑传播平台，企业可以通过在论坛上发布图片、文字、语音、视频来分享产品和企业的服务。2007 年正式营业的杭州住友酒店管理有限公司旗下的布丁酒店，就是通过在论坛发布了一系列的漫画连载而得到了广泛的认知。这个时候，营销人员开始建立起网络水军，顶帖一个 5 角钱，于是"5 毛党"就这么来了。国内最火的论坛有猫扑、天涯、19 楼、西祠胡同，这些论坛上的营销方法就是直播帖、盖楼抢楼送礼品。

☞B2B 营销：第一批网络生意的致富之道

营销 1.0 最具代表的是 B2B 营销，在当时搜索引擎迅速发展的时代造就了无数的百万富翁。网络营销"三剑客"包括博客营销、B2B 营销、SNS 营销。阿里巴巴流行逐渐成为互联网最大的 B2B 生意平台，随之慧聪网也起来竞争，然后还有无数多的 B2B 垂直类网站。这个时候无数百万富翁就是通过阿里巴巴等 B2B 平台致富的。

他们的操作方法是，一个月花 2000 元雇几名网络编辑，然后找几百上千个这样的 B2B 平台，每天在上面注册自己的企业站，发布产品信息，要求内容要做好、产品图片要美观。坚持一段时间，订单就像流水一样"哗啦啦"地来了。聪明的营销人就开始用技术手段，将互联网上的 B2B 网站收集起来建立数据库，然后开发一个客户端软件，500 元一个月卖给企业，企业可以一瞬间在上千个 B2B 网站发布自己的产品信息。

在营销 1.0 时代，聪明的营销人发现可以把以上的渠道整合起来，并根据媒介特色进行功能划分，然后整体去推广某个品牌和产品以达到很好的效果，就像把不同特色的人组到一起变成一个团队作战一样。

被称为"现代营销学之父"的菲利普·科特勒认为，即使到了 21 世纪，营销1.0也并未绝迹,很多中国企业仍在使用。尽管很多消费者已经变得"像猫一样难以伺候",但由于中国的市场生态与西方国家相比存在一定的滞后性和复杂性,一些企业把消费者当作猎物,以"机枪扫射的方式"从事营销,其中也不乏获得成功者。

二、营销2.0时代,以消费者为中心的时代

营销2.0是以消费者为导向的营销,营销的目标是满足并维护消费者。这个时代里,企业眼中的市场已经变成有思想和选择能力的聪明消费者。

营销2.0时代是由信息技术和互联网催生的。20世纪70年代,西方发达国家信息技术的逐步普及使产品和服务信息更易为消费者所获得,市场权力经由生产商转向渠道商再转到消费者手上。在这种情况下,想要在移动互联网营销上破局,就需要在充分理解移动互联网平台的基础上,在整体营销方案上不断推陈出新。重新审视各个推广平台的特性、功能、特点,及其背后所代表的用户群特性、行为,依托数据为目标群体画像,画像越是准确,方案越有针对性,也就越能抓住用户的注意力,如图1-2所示。

☞抓住视觉:用户都喜欢观察"美"的事物

在营销2.0时代,以"80后"、"90后"为主的微信社交圈中,大家都在广泛地讨论一个新词——颜值。颜值即意味着一个人的长相,高颜值所带来的高浏览率,牢牢地吸引了用户们的眼球,只要长得好看,谁都愿意多看一眼。就像车展上邀请身材惹火的车模,随着散光灯的不断闪烁,伴随着一

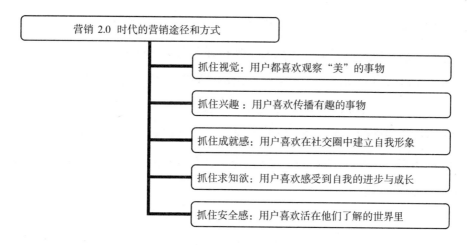

图 1-2 营销 2.0 时代的营销途径和方式

张张美颜曝光的还有模特背后的豪车，可想而知高颜值给产品所带来的天然高关注度。

无论线上线下，只要高颜值的美女，在执行推广项目时，效果都非常显著，每每推广都有不俗的成绩。同时，由于线上的推广比线下灵活，空间大，推广的方式上也各不相同，从而为整体用户群带来了多样化、多维度的美的体验，即使同样的产品，每个用户的体验也可能是不同的。这种抓住视觉的做法，成为了营销 2.0 时代营销人员抓住用户注意力，进而走进用户内心的法宝之一。

☞抓住兴趣：用户喜欢传播有趣的事物

在营销 2.0 时代，用户不是不喜欢广告，他们只是不喜欢无聊的广告，只要广告有趣、好笑，用户就会自主自发地传播，并在朋友圈内逐渐形成话题。因为用户更加关注的是产品的故事而不是口号，所以每个企业都有会把复杂事情说得简单有趣的营销人才。

毫无疑问，一旦发生了什么新闻，去微博搜一搜、看一看，准是没错的。不只是新闻，最新的笑话、最新的漫画，都在微博上最早出现。那群热衷于知道最新鲜的事的用户，一定是盯着微博更新的，而且这种人在自己的生活小圈子里，通常也是最新消息的发散者。他们喜欢把自己得知的最新的新闻和笑点讲给周围的人听，落伍者也总是去咨询他们对最新事物的意见。越来越多的用户，在朋友圈内传播视频，分享有趣有料的短视频，成为他们获取体验的最佳方式。

例如，有人曾经对两个论坛做过一个测试，先在天涯上发布了一个关于"李宗瑞"的炒作帖，但没人理会，然后拿到了猫扑上一字没改就发了出去，结果点击量40万。事后，他又在猫扑上做了个事件炒作——用一个工资条引发的争议，是一个类似恶搞的有社会争议点的帖子，结果帖子点击量470万，回帖800个，帖子被顶上周排行榜第一，挂了首页几天，还被网络70家新闻媒体报道转载，炒作过程一分钱没花，后面还产生了大量的品牌曝光。

微博是个可以让事件"病毒式"爆炸传播的媒体，微博上的新闻事件甚至比国内任何专业新闻媒体都快。于是，风靡微博的营销手法就层出不穷了，炫富炒作、恶搞炒作、道德炒作等。微博上行之有效的方式是内容营销，把内容做好，不怕传不开。

在信息碎片化的趋势下，用户越来越没有耐心看一篇超过140字的推广软文，软文逐渐失去了市场，填补这个空白的是短视频、微广告。这样的广告在兴趣和槽点上快速迎合了用户的需求，并且减少了用户获取信息的时间成本和思考成本。这两点上使得微视频、微广告在朋友圈内以"病毒式"方式迅速传播。

☞抓住成就感：用户喜欢在社交圈中建立自我形象

社交圈的一个显著功能就是分享，个性化的内容定制更加能赋予社交圈里独特的个人形象,且能展示和分享给好友,引起更多的关注和互动。用户将自己的言行和形象展示在社交圈内,标榜自己的技能或者智商上的优越,可以帮助用户在社交圈内建立良好的自我形象,展示其自我特点,这样就能获得别人的青睐。

无论你的种族、年龄,背景,我们面对的是同样的问题,就是人性中的以自我为中心。社交圈恰恰有助于用户建立以自我为中心的自我形象,从而获得成就感。基于此,各大营销公司纷纷效仿,不断在这个用户需求点上深度挖掘,推出了各种测试,分享看测试结果,将这样的游戏从用户自主转发,变成带有一定强制性的扩散,在不失乐趣的同时,增强了传播能力,提高了朋友圈的穿透深度。

☞抓住求知欲:用户喜欢感受到自我的进步与成长

当一些传统的营销方式被广泛使用以后,用户的体验和审美会出现明显的疲劳化,换句话说,直接的营销方式已经不能满足用户兴奋点了,用户的兴奋点明显提高了。这个时候,想要在传统的营销方式上脱颖而出,就需要满足更加高层的用户需求,以增强用户的黏性。在这之中,求知欲一直被营销人员看作用户的一个痛点,虽然各大报纸、杂志等媒体也常常对此竭力把握,但这些常规手段难以切入用户已经比较成熟的传播渠道,这时,微信公众号出现了。微信公众号的功能则能够很好地解决用户的黏性问题,如图 1-3 所示。

微信公众号的用户黏性即是用户对你的账号的认可度和依赖度有多少,类似于 PC 端网站的用户黏性,通过关键环节的疏导可以让用户在网站上停留更长时间、访问深度更大,并且有理想的回访率。增强微信公众号的用户黏性类似于一个 PC 网站的网站结构规划和内部链接建设,若做得好,用户

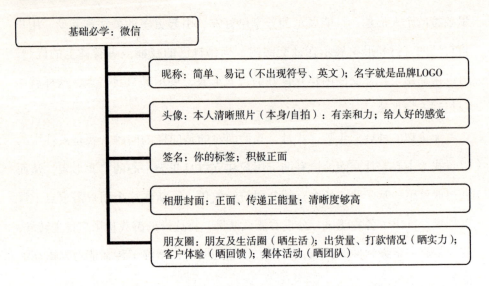

基础必学：微信

昵称：简单、易记（不出现符号、英文）；名字就是品牌LOGO

头像：本人清晰照片（本身/自拍）：有亲和力；给人好的感觉

签名：你的标签；积极正面

相册封面：正面、传递正能量；清晰度够高

朋友圈：朋友及生活圈（晒生活）；出货量、打款情况（晒实力）；客户体验（晒回馈）；集体活动（晒团队）

图1-3　微信公众号的功能——解决用户黏性

就舍不得离开你的网站，几次下来就容易成为忠实访客。只不过移动端的微信公众号挑战性更大一些，因为微信没有内链之说，而且用户一旦放弃就基本不会再回头，没有第二次机会。公众号要把访客狠狠地吸引住，光是内容做得好还不行，还要把这些内容有机地串联起来，让访客能够在你的优质内容池中顺畅地漫游。于是，营销人员为了做到引人入胜，除了内容方面有更高的要求外，还对公众账号巧妙地进行疏通，例如，取一个信息量大并一看就懂的名字、关注并回复就有"见面礼"、介绍功能的美文、提醒关注方法及转发和收藏等，这些从用户角度出发来进行的设置，大大提高了用户黏性。图1-4反映了微粉精灵的发展现状。

☞抓住安全感：用户喜欢活在他们了解的世界里

人如果和外部世界缺乏交流沟通，是会感到恐慌的。为了解除这种恐慌，人会不断地寻找新的资讯、新闻来填充自己，这就是社会热点传播行为模型。

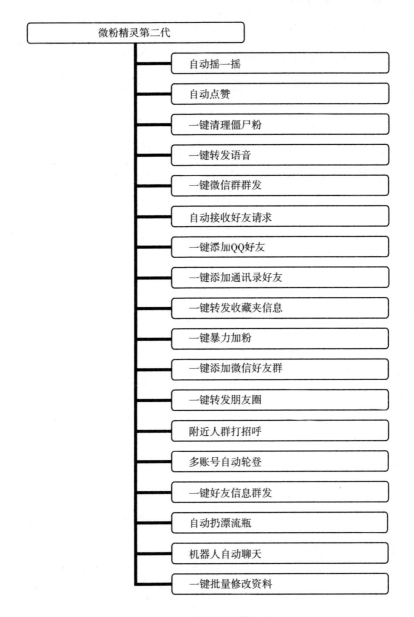

图 1 −4 微粉精灵第二代

很多时候，人们对社会热点事件的评论，并不是单纯为了评论，而是为了证明自己还没过时，和社会还没有脱节，从而获得社群从属的安全感。网络红人的出现，恰恰解决了传统资讯认知成本过高的问题，一个段子或调侃这样的方式轻松友好、生动有趣，既能娱乐大众，又能从中获取资讯新闻，而新闻资讯又为这样的方式提供了持续的、稳定的内容来源，这是资讯热点营销的王道。

总之，在营销2.0时代，传统的互联网营销推广，使得所有人都知道怎么干，大家都争相在同一个推广方案上投入物力、人力、财力、资源，导致的结果是使营销变成了一个比"谁钱多"的工作，最终呈现的就是营销的"囚徒困境"，投入资源的双方都被迫走入了"零和博弈"的局面；与此同时，尽管以消费者为中心，2.0时代的营销仍然是把消费者当作可以诱惑的对象，而不是和消费者真正打成一片。

三、营销3.0时代，以价值观为中心的时代

从以产品为核心的营销1.0时代，到以消费者为核心的营销2.0时代，现在，我们正身处营销3.0时代，即价值驱动营销时代。在这个新的时代中，消费者所寻找的产品和服务不但要满足自己的基本需要，他们更希望能发现一种可以触及其内心深处的体验和商业模式。也就是说，为消费者提供意义感将成为企业未来营销活动的价值主张，价值驱动型商业模式将成为营销3.0的制胜之道，如图1-5所示。

☞价值观驱动的营销

营销3.0时代最大的特征在于企业营销要从公司愿景与价值观入手，关

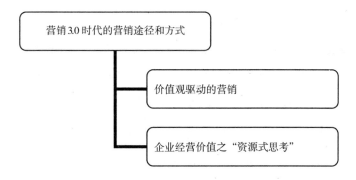

图 1-5　营销 3.0 时代的营销途径和方式

注到社会可持续发展中所面临的问题，并通过新的经营手段和营销方式来推动社会的和谐增长。这也是菲利普·科特勒在 2010 年提出的最新观点——市场趋势正在呼唤"价值观驱动的营销"。

菲利普·科特勒之所以提出 3.0 时代，是更多地关注到在产品与公司层面，进行功能与情感诉求已经走入了同质化，而在战术层面差异不大的情况下，企业应该回归到自己是"社会公民"的本质，以获取利益相关者的整体支持，这是全球倡导低碳经济、倡导企业社会责任、倡导可持续发展对营销活动要求的必然性呼应。

基于对全球社会发展趋势的洞察，菲利普·科特勒认为，在营销 3.0 时代，营销应该重新定义为由品牌、定位和差异化组成的等边三角形。在消费者水平化的时代，仅是定位是徒劳无益的，消费者也许会记住某个品牌，但并不代表这是一个好的品牌。品牌标志是指把品牌定位到消费者思想之中，品牌道德决定着企业能否兑现承诺，能否让消费者信任，品牌形象则是指品牌和消费者之间产生的强烈共鸣。营销 3.0 把 2.0 时代的理性品牌定位上升到了理性和感性的同时定位，打动内心，引发购买决策的理性思考，用品牌真正的差异化来吸引精神层面的关注并确认决策，最终在理性和感性的同时作用下，内心便会引领消费者采取行动，做出购买决定。

消费者在这个时代已经不能随意进行控制，真正的正确做法是将品牌交由消费者决定，企业则是进行因势利导，让消费者为你展开营销，你要做的则是兑现企业的承诺，让品牌在消费者的心目中诚实可信。一语以蔽之，3.0时代的营销，更像是一个品牌的维基百科。但企业需要做的，是建立品牌的使命、愿景与价值观。在这个焦灼的年代，人们都有着让社会变得更美好的心愿，品牌也应该谨记消费者的这一梦想，并把它融入自己的企业行为之中，共同为世界带来改变。也就是说，企业必须更多地在营销中加入更多的社会人文关怀。

☞企业经营价值之"资源式思考"

互联网时代所诞生的伟大企业，与传统企业最大的区别不仅在于融入了全球资本主义社会，更在于它们都有着强烈的使命感和价值观。无论是美国的 GE（通用电气公司）还是中国的深圳中航集团，它们向消费者营销自己的使命都甚于营销自己的产品，体现了菲利普·科特勒所倡导的"价值观驱动的营销"精神。

GE（通用电气公司）的"绿色战略"是对营销 3.0 时代的最好呼应。2005 年 5 月 9 日，GE 公司 CEO 杰夫·伊梅尔特开始推出一项名为"绿色创想"的 GE 新商业战略，以更环保的产品推动公司业绩和环境效益共同增长，这是 100 多年来 GE 对自身战略发展核心的又一次深刻调整，而这次调整的主题不是"数一数二"，不是"无边界管理"，而是以社会责任、社会的可持续发展为核心，聚焦 GE 后一个百年企业所存在的价值与宗旨使命。

GE 曾经是全球最大的能源设备巨头，而这个称号带给它的并不只是荣耀。它的产品广泛使用在能源、电力、水资源、运输等基础行业中，在人们享受电力和发动机带来的便利的同时，也为其产生的温室气体感到不安。

电力公司、航空公司等主要客户承受着提高能源利用率和减少排放的巨大压力，这些巨大压力也间接传递到 GE 的身上。伊梅尔特也清晰地意识到，在企业业务引起的外部效应不断给社会带来负面影响的情况下，GE 的可持续增长早晚会碰到问题，因为它正在逐渐和人类社会进步的主流方向脱离。

基于此，伊梅尔特说服了 GE 公司上下，在很多场合不断重复 "Green Is Green"（绿色就是美钞）——绿色技术必须展现自己的商业魅力，并具体推出了 GE 的绿色畅想计划。新的 GE 认为，未来的命运将取决于它是否有能力创造新的技术，改变人们的工作和生活方式，创造一个更美好的未来，例如，经济增长完全可以脱离温室气体排放的增长。

深圳中航集团也是践行价值观驱动营销的典型例子。深圳中航认为，如果将做企业的过程放在一个广阔的时空中观察，企业就是要发现和集聚散落于社会的丰富资源，将之整合运用于服务社会，同时创造出价值倍增，继续运用于为社会提供更优质的服务，这是一个不断循环并螺旋上升的过程，每个企业都试图在有限的时空内融合有限的社会资源，为所在地区乃至全社会创造出一个无限的未来。

我们将这种经营企业的价值观称为"资源式思考"，就"资源"这个词的英文造词"Resource"来讲，　"Re"的意思是"重复、反复、回源"；"Source"为源头、本源、来源、源起。所以，"资源式思考"的本质是和谐共生、周而复始、生生不息，这也是新时代下企业经营发展必须考虑到的可持续发展准则。

在全球化不断深化、环境危机议题越来越成为全体人类共识的时代，消费者将要考虑的已经不仅是自己，他们也将考虑整个地球生态、考虑污染问题、考虑社会问题。在这个不断卷入趋势的过程中，客户开始要了解你的公司是否进行社会关怀，并且这个关怀不仅是出自公关的目的，每个公司都必须考虑到以"社会公民的价值观"来驱动经营活动与营销行为，这是新时代下营销能否持续取胜的关键。

四、营销4.0时代，新整合营销时代

营销4.0就是新整合营销时代，核心就是围绕消费者开展的产品、价格、渠道以及宣传等4P（Product，产品；Price，价格；Place，渠道；Promotion，宣传）中的部分或全部创新，点燃营销4.0时代的星星之火，必将以燎原之势推动企业营销模式的转变。如果说以前企业拼的是产品、拼的是广告，那么未来，企业拼的就是创意。在过去，整合营销就是品牌传播的一致化，包括平面、户外、电视、媒体所有传播的一致性；而新整合营销，是基于网络、实体、故事、创意等，是4P的创意化，如图1-6所示。

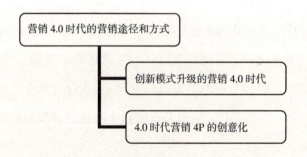

图1-6 营销4.0时代的营销途径和方式

☞创新模式升级的营销 4.0 时代

中国经过 30 多年的改革开放，在经济、文化、信息等方面取得长足进步，经营环境也发生了巨大的变化，超级大卖场、便利连锁店、专卖店、电子商务等多种渠道和终端并存，产品与品牌之间的竞争变得复杂化，这给了消费者更多的选择余地。近年来网络的普及发展使得信息传播更为迅速，消费者获取信息的渠道不再依靠广播、电视、报纸、杂志等传统媒体，尤其是微博的兴起，使消费者对信息的把握也更为准确。消费者选择空间大、对品牌信息了解翔实这两大前提，标志着消费者主权时代的来临。

在消费者主权时代，企业营销导向发生了转变：企业营销的导向从竞争导向向消费者需求导向转变，从产品销售向解决方案的提供转变，从单向促销向消费者互动沟通转变，从短期交易成交向长期关系深化转变。

（1）竞争导向转向消费者需求导向。"竞争战略之父"、哈佛大学商学研究院著名教授迈克尔·波特在《竞争战略》里说道：企业的利润将取决于同行业之间的竞争、行业与替代行业的竞争、供应方与客户的讨价还价以及潜在竞争者共同作用的结果。他把竞争的 5 个关键因素称为"五力模型"，一时间竞争战略在大学院校、在企业之间被奉为圭臬。当强大的诺基亚帝国土崩瓦解的时候，很多以竞争为导向的营销专家也蒙了：诺基亚的规模最大、品牌最强、渠道最广、人才最多……为什么说完就完了呢？其实，当消费者的声音越来越大，大到已经超越竞争影响力的时候，企业原有的竞争导向必须向消费者需求导向转变，如果还坚持企业的竞争导向，坚持认为只要灭掉竞争对手就能够笑傲江湖的想法，只是一厢情愿而已。如果不用心倾听消费者的声音，再强大的品牌也会被消费者抛弃。

（2）从产品销售转向解决方案提供。营销 4.0 时代，消费需求已更加多元化，企业应该从"为产品寻找顾客"向"为顾客寻找产品"而转变。很多企业把产品做成半成品，设计出多种个性元素，引导消费者自己参与创造，为消费者量身打造解决方案，成功推进企业的发展。例如，照明行业受地产的影响很大，门店生意厮杀到几乎挣不够房租而关门大吉，但江苏有一家照明商家，却是顾客盈门。商家为消费者想得更多：除专业的导购向顾客介绍产品的特色、让消费者体验产品的优势之外，"撒手锏"就是请出专业的设计师，根据顾客的需要免费上门进行照明解决方案设计，买与不买他们的服务都是一样好，消费者最后心甘情愿地成为商家义务的宣传员——钱给谁赚都是赚，为什么不让全心全意为自己服务的商家赚呢？江苏的这个照明商家为消费者提供了解决方案，最后得到了广大消费者的信赖和回报。

（3）从单向促销转向消费者互动沟通。"天天低价"的超市拼得厂家及供应商叫苦连天，但无奈它们"店大欺客"，如果不与它们合作，结果就是销售份额降低、品牌形象受损，众多厂商被迫做"赔本挣吆喝"的生意，但这种简单、低价的模式使消费者变得麻木。在这里，小米公司的做法则具有借鉴意义。小米手机进入手机行业时，iPhone、三星、HTC等智能手机在传统渠道、电信渠道上的搏杀早已白热化，新进入者很难找到立足之地了。小米手机是怎么做的呢？小米手机的客户定位为伴随互联网成长的发烧友，以及理性消费的中低收入年轻人。产品定位为最优性能的平价智能手机。雷军说自己是"用互联网方式做手机"，小米手机的广告宣传、实体渠道和终端，是通过互联网的优势与消费者互动沟通，进行传播和销售，产品的研发采用了"发烧"用户参与的模式，让发烧友进行口碑和贴吧传播，实现了极高的传播精准性和到达率，借助秒杀出售、发动米粉与魅族支持者的口水战、半遮半掩上市信息等传播活动，成为企业与消费者互动沟通的经典案例。

（4）从短期交易成交转向长期关系深化。会员制是很多卖场和量贩都采用的集客方法，但当人人都有会员卡的时候，其实"会员"已经没有价值，形式上的会员让消费者感到索然无味。沃尔玛山姆会员店的会员制却做得很出色，它的会员卡需要付费购买，没有会员卡无法进店购物，其产品都是打包销售，不拆包零售。这张会员卡不仅阻挡了一部分小单客户，也是一种身份的象征，沃尔玛山姆会员店只和长期的伙伴做生意，使消费者很在意这个伙伴身份而成为忠实的顾客。

☞4.0 时代营销 4P 的创意化

面对营销 4.0 时代的创新模式升级，企业的出路何在？其实，如果说以前企业拼的是产品、拼的是广告，那么未来，企业拼的就是创意。所以，营销 4.0 应该是一个新整合营销时代，基于网络、实体、故事、创意等，是 4P 的创意化。那么，如何实现 4P 创意化？下面我们按照 4P 的构成，即产品、价格、渠道和宣传进行逐一分解。

（1）产品型创意。通信行业的发展，拉近了人与人之间的沟通距离，但高昂的通话费使部分人无法承受。手机短信打字速度较慢、受文字的约束太多、词不达意以及错别字等影响，常让信息传递受到障碍。此外，消费者在车站、机场等车或者待乘的时候，一分一秒的时间都显得那么漫长，既无聊也无趣。腾讯公司在客户的这种潜在需求条件下，开发出一种叫"微信"的软件产品，它结合了短信和电话两者的优势，既能快速传递信息，又降低了沟通成本，在一般的智能手机上都能使用。微信这个产品使沟通无处不在，既可以与熟人或朋友聊天，也可以和周围的陌生人搭讪，仅一个小软件产品，却整合了即时通信和无线网络，给生活增添了很多情趣，受到广大消费者的喜爱。过去我们谈到产品创意，一般在三个维度上展开：一是产品功能，二是产品质量，三是产品款式。以后的产品创意则需要我们打破这些原有的思维定式，站在消费者需求的角度来展开思考，跳出产品看产品，高度不同，结果自然也不同。商家能经营到消费者喜闻乐见的产品，消费者则愿意为自己喜欢的东西付出更高的成本。在这方面，腾讯公司开发微信是一个榜样。

（2）价格型创意。消费者与企业信息的同步和对等决定了"微利时代"的来临和"暴利时代"的终结。消费者与企业零距离、全方位的接触，要求企业对消费者的需求做出快速反应，在渠道上也要与时俱进。苏宁电器在这一趋势上走在前列，在实体店扩张方面取得了战略性的布局，电子商务方面也取得了不俗的成绩——"苏宁易购"购物平台的建设不仅把苏宁的品牌嵌入其中，也差异化地定义了与实体店的区别，一举两得。目前，大多数电子商务平台是依靠第三方物流实现速递，但由于我国物流配送体系不健全、配套设施不完善、配送服务质量无保障等情况，严重影响了消费者对电子商务的信心，物流已经成为电商企业的硬伤。苏宁易购平台的搭建，不仅降低了产品实体展示的成本，也让消费者有更多的选择余地。此外，盛大文学也是典型的价格型创意，其将平面内容、移动网络、消费者进行合作和整合，点击付费，按章结算。盛大文学更像是内容生产的集合商，很多在线的文学创作者正在源源不断地产出具备高度商业化的文学作品，在盛大的平台上通过微支付实现"内容销售"，并对出版权、影视和网游改编权等作品的商业价值进行深度挖掘。目前，盛大文学已成为中国移动手机阅读基地的最大赢家。

（3）渠道型创意。最具渠道型创意的当属时下最为流行的团购，利用网络平台和线下商家的资源，把零散的消费者聚集到一起，形成巨大的消费市场。北京耀莱成龙国际影城五棵松店一开始处于无人问津的偏僻角落：地址偏、招商难、集客更难，整个市场一度陷入困顿。后来，借着糯米、美团等网络团购公司的力量，多次组织团购活动，硬生生地把市场炒活了起来，如今在北京也成了家喻户晓的影城，人气也和万达、华星相提并论。"水泥＋

鼠标"（实体店面＋电子商务）的模式，为营销渠道打开了一扇窗，让我们看到渠道型创意的蓝海。渠道型创意的标准有两个：一是发现消费者需求，二是方便消费者购买。离开了这两个前提，所有的创意和创新都是无源之水和无本之木。

（4）宣传即促销型创意。《暮光之城》系列和《吸血鬼日记》等影视剧曾一度热播，吸血鬼拥有力量、速度，又兼具浪漫天性、神秘气质的形象已深入人心。传说中，阳光对吸血鬼来说是致命的毒药，但现在这种让人又爱又怕的超自然生物又有了新的天敌：奥迪 S7。"一群吸血鬼在野郊开 Party，其中一名吸血鬼开着一辆奥迪 S7，带着血袋正赶过来准备与同伴狂欢。不料 S7 车大灯和太阳光一样有着对吸血鬼致命的效果，结果一群吸血鬼灰飞烟灭，包括那名开车的吸血鬼。"这就是奥迪在美国超级碗比赛中投放的广告。《暮光之城》、《吸血鬼日记》火了一大群年轻的演员，奥迪也借着吸血鬼让 S7 火了一把。这个广告告诉了我们，其实不只是电影中可以植入广告，广告中也同样可以植入电影。奥迪为我们演绎了一个流行书、流行电影、流行赛事、流行音乐和品牌的完美整合创意。此外，苹果手机刚进入中国市场时与中国联通联合，做"机卡捆绑"的促销活动，不是过去的"买手机送话费"而是"缴话费送手机"，只要存两年的话费就"免费"送给消费者一部苹果手机。这在今天看似平常的促销活动，在当时却有很强的逆向思维逻辑和共赢策略：第一，苹果通过联通的网络可以迅速打开市场，而联通则通过合作有效切割了中国移动的市场。第二，预付款使联通得到很多的优势资源和发展机会。第三，苹果靠资源一体化牵引渠道，最终两者联合达成共赢。第四，消费者得到两年通信费的同时，还获得一部高品质的手机，这种模式可谓一举三得。

营销 4.0 时代围绕消费者的营销模式创新，对企业的营销组织与队伍能力提出了新的挑战，需要我们在创意、保障、响应速度以及整合等方面升级和提高。企业要密切关注消费者的需求变化趋势，管理重心下移，通过与消费者面对面的沟通互动研究消费者的行为方式和需求，大胆想象，提供更有创意的解决方案来满足消费者的需求。企业要为消费者提供更柔性的保障，对市场要有更快的响应速度，建立消费者驱动的组织运营机制。企业也要拥有更广泛的整合能力，既要整合企业内部资源，如财务部、市场部、供应链等跨部门的沟通与协调，更要整合外部资源，如行业协会、供应商、政府组织、合作伙伴等不同企业和机构的合作，既有纵向的一体化整合能力，又有横向的跨界整合能力。消费者已觉醒，消费者主权时代来临。消费者多元化的需求，对未来的营销提出更多的要求，营销已不是一个部门的职能，而是一个企业整合全员的平台，要想在未来的世界立足，企业的营销模式需要不断创新，为消费者提供更多的平台和空间。高手对决再也不是出奇制胜，而是看谁不犯错误；"精耕细作，决胜终端"已经过时，"终端之外"的模式创新才是营销角逐的战场。在各种跨界整合盛行的今天，企业营销需要因势利导，才能不断满足消费者的需求。

营销4.0时代已经来临，你准备好了吗？

五、企业营销观念的历史演进

营销观念是企业从事市场营销活动的指导思想。企业营销观念即企业的经营指导思想或营销管理哲学，是企业在经营活动中所遵循的一种观念、一种导向。社会存在决定社会意识，企业营销观念在一定的历史条件下产生，随着营销环境的变化而变化，逐渐形成了企业现代营销观念体系，并有了新的发展，如图 1 – 7 所示。

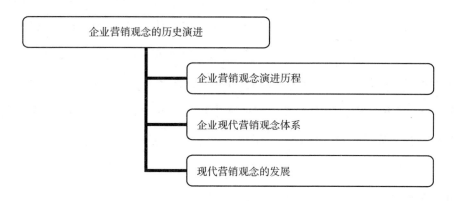

图 1 – 7 企业营销观念的历史演进

☞企业营销观念演进历程

随着经济体制的转型和社会生产力的发展，尤其是买方市场的全面形成，企业的营销观念也正在发生急剧的变化。这一过程的顺序依次是：生产观念、产品观念、推销观念、市场营销观念和社会营销观念。

（1）生产观念，产生于 20 世纪 20 年代，其特征是卖方市场、以企业为中心、以产定销，是指导企业经营活动的最古老的观念之一。这种观念认为，顾客的主要追求是产品的使用价值高、价格低廉，因此，企业经营管理的中心任务是：合理组织企业内部的各种资源，实现较高的生产效率，提高产量，降低成本，把产品分销到广泛的地区，以满足消费者的急切需求。

（2）产品观念，产生于 20 世纪 30 年代，其特征是卖方市场、以产品为中心、以产定销，是指导企业经营活动的另一种古老的观念。这种观念认为，顾客总是喜欢质量最优、性能最好的产品，并愿意为高质量的产品支付高的价格。因此，以产品观念为指导思想的企业，其经营管理的中心任务是：集中一切力量改进产品质量，制造优质产品，做到物美价廉。

（3）推销观念，又称销售观念，产生于20世纪四五十年代，其特征是买方市场、以产定销、以企业为中心，企业生产什么，就推销什么。推销观念认为，企业如果不采取一定的推销措施，消费者一般不会较多地购买本企业的产品，必须通过推销的外部刺激和引导，促使消费者购买本企业的产品。20世纪20年代末，资本主义生产的集中化和垄断化程度越来越高，企业的生产达到了规模效益，且管理科学也有了不断的发展，产品的数量和品种迅速增加，市场发展趋势由卖方市场逐步向买方市场过渡。特别是1929~1933年世界性经济危机，使生产和需求之间的矛盾更加尖锐，供过于求，企业里有大量的商品积压，使得企业不得不运用推销技术和广告宣传。

（4）市场营销观念，产生于20世纪五六十年代，特征是买方市场、以需定产、以消费者为中心。这一观念认为，实现企业经营目标的关键在于切实掌握目标市场消费者的需求和愿望，并以市场需求为中心组织企业的全盘生产经营活动，采用比竞争者更有效的手段，把能够满足消费者需求和欲望的产品送到他们手中。它强调满足消费者需求和实现企业利润目标的统一，这是现代企业经营的一种指导思想。

（5）社会营销观念，产生于20世纪70年代，特征是保护社会环境、以消费者整体的和长远的利益为中心。其基本点是，以满足消费者需求，增进社会长期、整体利益作为企业经营活动的前提。20世纪70年代，一些有识之士针对环境污染、资源短缺、人口暴涨、世界性通货膨胀和忽视社会服务等情况，提出对市场营销观念应做某些修正和补充，从而引出了一种新的观念，即社会营销观念。它认为，企业的中心任务是确定目标市场消费者的需要，并在保护和增进消费者与社会长远、整体利益的前提下，以比竞争者更有效的方式，将能满足消费者需求的产品和服务提供给他们，从而达到企业的经营目标。

值得一提的是，目前炒得比较热的蓝海战略是一种新思维、新观念，它提倡开创无人争抢的市场空间、甩脱竞争、创造和获取新需求、打破价值与成本之间的权衡取舍，为同时追求差异化和低成本协调公司活动的全套系统。它区别于传统的红海火拼战略，眼下正慢慢为企业所接受并采用，不过，这需要一个过程。

☞企业现代营销观念体系

企业营销观念发展到今天，形成了现代营销观念体系，这一体系包括市场观念、创造需求观念、权变观念、战略观念、竞争观念和文化营销观念。

（1）市场观念，它要求企业树立"一切为顾客利益着想"的营销观念，真正做到"顾客第一"、"客户至上"。以"市场观念"来决定企业的营销方针，作为企业营销的出发点和归宿。典型案例是海尔自砸冰箱事件。1985年，海尔总裁张瑞敏接到一封用户的投诉信，说海尔冰箱存在质量问题，他率人到仓库检查，发现了76台不合格的冰箱，最终决定砸掉它们。当员工们含泪看着张瑞敏总裁亲自带头把有缺陷的76台电冰箱砸碎之后，内心受到的震撼是巨大的，他们对"有缺陷的产品就是废品"有了刻骨铭心的理解与记忆，对"品牌"与"饭碗"之间的关系有了更切身的感受。

（2）创造需求观念，它要求企业突破现实需求的限制，主动出击，通过改变人们的价值观念和生活方式，或主动参与新生活方式的设计，使人们形成新的欲望，并转化为新的需求，捕捉新的营销机会。典型案例是索尼电子产品的不断创新。60多年前，索尼创始人井深大和盛田昭夫定下了"绝不模仿他人"的原则。创新精神伴随索尼拼搏至今，开辟了索尼的天地，打造出索尼的金字招牌，笼络了一代又一代的消费者。

（3）权变观念，它要求企业综合考虑影响企业营销的环境变数，把它作为指导企业营销活动的基本依据，有效地确定营销策略，开展营销活动。1984年，菲力普·科特勒在美国西北大学凯洛格管理研究生院校友会上提出了"大市场营销"的概念。它是指为了进入特定市场，并在那里从事业务经营，在战略上协调使用经济的、心理的、政治的手段和公共关系等，以获得各有关方面，如经销商、供应商、消费者、市场营销研究机构、有关政府人员、各利益集团及宣传媒介等的合作及支持。这里所讲的特点市场，主要是指贸易壁垒很高的封闭型或保护型的市场。在这种市场上，已经存在的参与者和批准者往往会设置种种障碍，使得那些能够提供类似产品，甚至能够提供更好的产品和服务的企业也难以进入，无法开展经营业务。大市场营销是对传统市场营销组合战略的不断发展，是在一般市场营销基础上发展的，但大市场营销又具有与一般市场营销不同的特点和作用。

（4）战略观念，要求企业运用自己的胆识和智慧，高瞻远瞩地为企业运筹帷幄，制定正确的营销战略。三得利通过实施进军上海市场的战略策划，1996年，在上海创立了啤酒、饮料事业，其产品上市三年，便获得了广泛的好评。尤其是三得利啤酒，自1999年起连续多年荣获上海啤酒行业的销量冠军，2000年起连续四年被评为上海市场畅销品牌，并自2001年起连续三年被评为上海市名牌产品。

（5）竞争观念，要求企业积极参与市场竞争，采用合理合法的竞争手段，以适销的产品、合理的价格、优良的服务、及时准时的信息、有效的促销，来争夺消费者、争夺市场、争夺效益。2000年初的空调行业内众多的品牌在争夺市场：第一线品牌有近十家国产品牌，市场份额相差不多，前三家的海尔、美的和格力共占据了近40%的市场份额；第二线的合资品牌基本上是国际知名品牌；第三线品牌则是规模在20万台以下的中小品牌，可以说，空调行业是一个没有巨头的行业，市场上十几个品牌集中瓜分了 80% 的市场份额，但是各自的占有份额却相差不大，均在十几个百分点，谁都不拥有对市场的领导权，没有一个行业巨无霸，并未形成寡头垄断的局面，这也是格兰仕的机会所在。格兰仕选择由日益走向成熟和垄断的微波炉市场杀入利润相对较高、竞争相对较充分的空调市场，其选择虽然不能说无懈可击，但从其自身来说则完全可算一项非常正确的决策和战略调整，最终获取了市场"巨无霸"的地位。

（6）文化营销观念，要求企业应善于运用文化因素来实现市场制胜，使企业营销活动形成特定的文化氛围，把经济与文化紧密结合起来，吸引消费者购买。"孔府家酒"能够誉满海外，备受海外华人游子的青睐，不仅在于它的酒味香醇，更在于它满足了海外华人思乡恋祖的文化需要。

☞现代营销观念的发展

企业现代营销观念体系形成后，在新时代又被赋予了新的内涵。这里介绍其中比较有代表性的观念：绿色营销、形象营销、关系营销和全员营销。

（1）绿色营销观念。20 世纪中叶后，各国经济都进入高速增长时期，带来了人口爆炸、环境恶化、资源耗竭一系列后果。从而迫切要求走可持续发展之路，对环境保护日益关注。于是，掀起了一股绿色浪潮，绿色工程、绿色工厂、绿色商店、绿色商品、绿色消费等新概念应运而生，许多绿色环保组织也相继成立。绿色营销观念要求企业以环境保护观念作为经营指导，充分利用资源研制开发产品，保护自然、变废为宝，来满足消费者的绿色消费需求。

（2）形象营销观念。激烈的市场竞争需要企业强化整体形象意识，重新塑造企业形象，以形象力来全面提高企业的竞争力，目的是使企业在社会公众中树立良好的形象，使广大公众对企业产生一致的看法和认同，以赢得消费者的信赖和好感，从而达到企业营销目的。形象营销观念要求企业不仅要在外在视角识别上下功夫，更重要的是树立正确的经营理念和积极开展各种社会活动，以提供可靠的产品和优质的服务。

（3）关系营销观念。关系营销以系统论为基本指导思想，将企业置身于社会经济大环境中来考察企业的市场营销活动。企业营销是一个与各种组织和个人发生互动作用的过程，正确处理这些关系是企业营销的核心，是企业成败的关键。关系营销观念要求把营销活动看成是一个企业与消费者、供应商、分销商、竞争者、政府机构及其他公众发生互动作用的过程，其核心是建立和发展与这些公众的良好关系。

（4）全员营销观念。当企业之间的市场竞争进入争夺顾客资源阶段时，就要求企业内部每个人参与整个企业的营销活动。全员营销的关键是协调企业内部所有职能来满足顾客的需求。要让企业内部所有部门、全体员工都为顾客着想，在营销观念、质量意识、行为取向等方面形成共同的认知和准则，一心一意为顾客提供优质产品与优质服务，提高顾客的满意度。

第二章 "互联网+"时代营销环境的嬗变

营销环境就是某产品销售的市场环境。当前营销环境的重要标志是,"80后"、"90后"作为一个崛起的消费群体,已经成为了消费主体,并形成个性化、社交化、娱乐化的特征,他们的消费观念、消费权利、消费话语正在深刻影响着企业的市场营销策略。如何深刻地解读这一消费主体的消费心理,把握其个性化、社交化、娱乐化的时代特征,对于任何一家企业抢占未来市场都具有非常重要的意义。只有敏锐地洞察消费主体的消费心理特点,才能找到真正的商机,营销策略才可能会有效。

一、消费方式的碎片化

"碎片化"一词是描述当前中国社会传播语境的一种形象性的说法。在社会转型过程中,碎片化是不可避免的,这与社会革命不同。虽然社会制度、文化发生巨变甚至断裂,但个人身份属性反而随着革命进程而重新划分和集聚,成为不同的人群。社会转型则不同,它是相对缓慢的、有序的,个人可以通过不同途径达到阶层的升迁，也有可能随着整个阶层下沉。但无论是上升还是下沉，这种现象都是零散的、四分五裂的，没有集聚的现象，这就是碎片化最重要的特征。我们也可将碎片化理解为一种多元化，而碎片化在传播本质上是整个社会碎片化或多元化的一个体现。

碎片化时代已经来临，消费者的选择会越来越多，越来越追求个性化。在碎片化时代，消费者的价值观念发生了巨大变化，人人都是自媒体，个个都是消息源，大家的注意力被分散在各个媒体，因而形成了消费者的三个碎片化消费方式，即消费时间的碎片化、消费地点的碎片化和消费需求的碎片化。显然，这对企业营销是一个新的挑战，如图 2 - 1 所示。

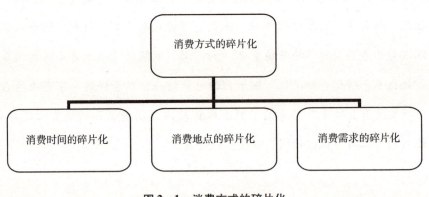

图 2 - 1　消费方式的碎片化

☞消费时间的碎片化

在实际生活当中，碎片化已经占据着当前移动互联网受众最主要的作息时间。我们每天通过手机报、博客、搜索引擎、新闻网站、即时通信等多种方式获取信息，在各个生活的间隙获取信息，在吃饭时看一眼电视，在坐公交车时用手机上微博……信息量如此之多，获取信息如此容易，乃至我们养成了一个坏习惯：文档超过 20 页，我们就没有耐心看完。

　　碎片化时间的好处是，谁占用了用户的碎片化时间，谁就更容易获得成功。例如，"2048"移方块这种社交小游戏，在等地铁、等公交车时都可以玩，闯过一些关卡，还可以截图发到微信朋友圈炫耀一番。又如，新浪微博、微信这种信息分享及获取工具，不用花费太多时间与精力，能够尽快地把信息以文字或者贴图的方式传播给用户，或者随时随地关注各种时事政治信息。

　　碎片化与粉丝经济和互动经济之间是一个互相交叉的关系，粉丝在碎片化的时间获取各类信息，然后通过互联网与身边的朋友进行互动交流。其三者的本身既独立存在，又相辅相成。正如上文所说，谁占用了用户的碎片化时间，谁就更容易成功，如图 2 - 2 所示。

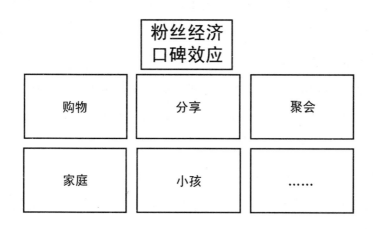

图 2 - 2　粉丝经济口碑效应

　　鉴于粉丝经济，在"送"优惠与"讨"便宜之间，后者是占多数的，尤其是"85 后"，抓住他们的心理特点，使用公司的互动软件结合商家最有卖相的产品，让目标客户使用商家的产品"讨"到便宜时，商家也可以顺势提高自己的销售转化率。如在餐饮、娱乐等服务行业可以进行尝试，每次客户在点好菜后，都会等待一段时间，那么在这个碎片化的时间内，就可以用公司的互动产品玩点小游戏，利用游戏的分数来抵消一部分消费，顺便让客户发发朋友圈，间接地为商家带来二次消费的可能性。

☞消费地点的碎片化

消费地点的碎片化和消费时间的碎片化密切相关，是构成消费场景化的两个重要因素。因为移动互联网的爆发很大程度上在购物的维度上做了一次加权——人们购物的时间、空间同时发生变化。这也使得在一个大的购物坐标系里，时间、空间和决策的概念已经今非昔比，新的购物形态已经在越来越场景化的时间和空间发生。

想象一下这些场景：北京的地铁里，你在一个名为"友宝"的自助售卖机上，根本不用掏出钱包，只要打开微信，通过微信支付的方式，扫描商品二维码，就能以超低价格买到任意一款饮料，过程高效，全程只需几秒钟。你在逛微博的过程中，发现右边栏里推荐的一个包包正是你想要的款式，或是在你关注的账号里，有卖家推荐了一款商品，你从未见过并觉得有趣，这个时候你迅速浏览下单，3分钟就完成了购买。在微信里，你被一群爱做饭的朋友拉进了一个"我爱厨房"小组，大家在讨论某款烤箱的烤制效果好、哪种调料味道更佳的时候，你发现自己在各种专业建议面前，竟然没问价格就和大家一起"团购"了它们……这个场景的营造，是让购物所能触达的商品，能够出现在各个场景里。或者说，用户随时可以在一个环境里完成购买动作。

购物这件事情的变化是从以前的价格导向，变成了场景导向，而这些场景的变化，驱动和改变了用户的碎片化决策。场景碎片化背后的本质是什么？让购物随需出现，从营造场景、购买欲望，到完成支付，全链条无缝连接，完全没有障碍，甚至让你忘记"购物"这件事的发生。

从电子商务的发展开始，购物经历了时间、空间的多层次变化。从原来逛街到线上网购、从坐在电脑前到手机随处下单、从有特定的购物时间到随时随地产生购买欲望，购物会越来越近似于一种随需出现的状态。和购物相匹配的各个因素都变成一种自由切换和平滑调度的后台功能。

消费者越来越明确地感受到，购物已经成为一个终点，所有铺设的路径都是为了"到达"。变化就在于：到达购物最终动作的路径更加碎片化，从实体店到网络，甚至当周围的人都在有意无意地引发你的购买动作，购物已经成为某种场景下的一种众包行为。

总之，市场经济高度发达的今天，不论是"距离远近"还是"交通方便"，影响消费者选择购物地点的因素均不在商品本身，而在于"购物"的"过程"。商品间的差异化越来越小，在经济富足、懂得享受生活的人眼中，对"购物"的认知已超出了最初"把东西买回家"的范围，上升到了一种体验和生活态度。

☞消费需求的碎片化

消费需求碎片化即热销点不一定在"五一"、"十一"集中爆发，而是无规律地零星出现。碎片化需求下的心理期待所能持续的时间，要比刚需短很多，如果供应链和物流体系跟不上，肯定会造成消费者的一次非常失败的购物体验；而且随着消费者网购经历的增加，"货品完好"和"及时准确"已经不只是消费者所期望的物流体验了，还提出了很多的个性化要求。

在互联网时代下，纯理性的购物比之前更难想象。过去我们逛街所能选择的只是几样商品，看到的广告也就是一些比较"硬"的电视、报刊、店面促销广告，所知的品牌也是屈指可数的几个知名的。但今天，在产品的个性化、广告形式的多样化、品牌的大众化等因素刺激下，冲动型购物更加频繁，购物充满了感性色彩。在习惯了这种感性后，消费者不是因感性变笨，而是越发精明，越发明确了自己的需求，也习惯于对价格的把控。

所以，当前消费者购物习惯表现在：一方面，产品的功能和价格，不再只是消费者会考虑的因素，另一方面，消费者对产品的文化属性、购物体验、后续服务等附加价值也越发关注。另外，随着移动端设备的发展，大众生活日益被多屏产品所切割，互联网购物习惯不再只是闲下来坐在电脑前面的选择，很多时候都是拿着移动端设备的一种消遣。在这种碎片化的时间与碎片化的需求下，在感性刺激的购物选择下，消费者需求的满足则更需要精细化。

面对碎片化的消费方式，企业如何是好，又该怎样应对？现在已经不再是出来一个流行产品，大家就都跟着走了，而是每个人都有自己的消费发生。过去营销是整体的，现在是碎片的。因此，企业要跟上这个时代，就必须根据消费者不同的消费时间、消费地点和消费需求采取不同的策略。这是在"互联网+"时代对企业营销手段提出的新的要求，企业应该以独特和富有创意的方式来吸引消费者。

二、消费主体的个性化

"互联网+"时代营销环境嬗变的一个重要标志，就是作为消费主体的"80后"、"90后"的消费个性化色彩鲜明。普遍认为"80后"、"90后"的心理特点就是追求自我张扬、有与众不同的个性。他们重视产品消费体验中是否能给自己带来心灵、情感上的最大满足，并获得差异性、个性化、多样化的体验。了解年轻一代消费者的这些消费个性化，进而满足他们的消费需求，是未来企业营销的重点战略，如图2－3所示。

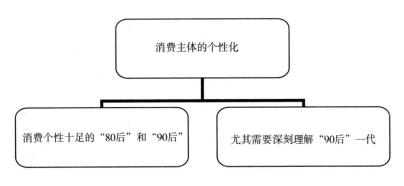

图2－3 消费主体的个性化

☞消费个性十足的"80后"和"90后"

随着"80后"渐渐成为社会中坚力量，"90后"纷纷进入社会工作，年轻一代即将成为消费的主力军。世界上每个角落的零售商都紧盯着"80后"、"90后"消费者的口袋，不断揣摩研究"80后"、"90后"的消费习惯：他们可以在同一时间会朋友、上网购物、喝拿铁；因为选择的多样性，他们购物时犹豫不决；他们喜欢个性化，不喜欢和朋友的商品重合；他们会透支消费，但是他们也热爱使用优惠券；他们在社交媒体分享购物体验，他们也在社交媒体获取购物信息。他们多变、个性、充满活力，可以说，作为企业，得"80后"、"90后"者得天下，一点都不为过。

现在的年轻一代减少了去商场购物的时间，在他们的概念中，在一个又大又旧又无聊的商场闲逛是浪费时间的事情。所以商场要提供个性化的服务，让购物变得有趣、有意义，并且值得回忆，那么年轻一代的消费者才认为商场值得前往。年轻一代的个性化需求，成为不少实体零售商守住线下阵地的重要砝码。

2014 年 4 ~ 6 月, 哆啦 A 梦主题展在北京朝阳大悦城举办。除了静态展览外, 朝阳大悦城还通过多种营销方式进行联动。哆啦 A 梦助阵购物中心, 吸引了不少哆啦 A 梦迷前往。这也是满足消费者个性化需求的一个案例。另外, 2013 年银泰 15 周年庆的小怪兽也成为引爆周年庆的重要元素; 2014 年 5 ~ 6 月, 银泰提出"没大没小、没羞没臊"的"大小孩"模式, 引入 Hello Kitty 这个超萌"大小孩"。促销不仅是"满返""满送", 周年庆不仅是折扣。不管是蓝胖子、超萌小怪兽, 还是 Kitty 猫, 对于零售商来说, 他们都走在满足消费者个性化需求的营销道路上。

你以为年轻一代逛街、购物、看电影, 透支消费卡, 消费观念超前, 就不看重商店的折扣信息了吗? 不是的。一项调查显示, 90% 以上的年轻消费者会使用优惠券提前规划购物清单, 他们不经常使用纸质优惠券, 他们更喜欢使用电子版本的优惠券。他们希望通过邮件或其他电子手段, 能够随时随地地使用优惠券。60% 的年轻一代在社交媒体上分享和交易优惠券, 80% 的年轻一代在网上搜索优惠券。事实上, 年轻一代也非常看重商店能够带来的折扣力度, 他们更需要一个巨大的优惠和折扣来促进购买。

有一家咖啡店, 店主希望自己的折扣券不要像其他商家那么廉价, 所以设置了极高的赠送门槛, 但是同时又希望折扣券能够涉及尽可能广的范围, 好带动消费。相信现在有不少商家都和这家咖啡馆店主一样矛盾。所以, 如何利用年轻一代喜欢在社交媒体获取和分享优惠券这一途径, 对于商家来说至关重要。

相比老一代消费者, 当下的年轻人对待品牌具有更高的道德标准。他们会根据品牌商的社会表现, 来决定是否购买这家店的商品。有调查显示, 32% 的年轻人不会购买社会表现不好的品牌商的东西, 这些商品不能被他们所接受。这对品牌商和零售商来说是一个新的挑战和机遇。

"血汗工厂"一词纷纷出现在各大媒体，富士康被指责为"血汗工厂"，格力也陷入"血汗工厂"风波，耐克、ZARA 的代工厂也被指责为"血汗工厂"。这说明越来越多的消费者不仅关注商品本身，他们的社会责任感也强于以往。所以，对于企业来说，不仅要取悦消费者，更要让消费者看到企业的社会责任意识，树立自己良好的品牌形象。例如，越来越看重代言明星的个人口碑；越来越多的零售商现身在灾难一线参加救援；也有不少企业设立人才培养计划、扶助贫困大学生计划等。通过这些方式，一方面是在承担自己的社会责任，另一方面也是在树立自己良好的品牌形象。

作为年轻一代的消费主力军，"80 后"、"90 后"是一群让人又爱又恨的群体，他们的钱比任何一代人的都好赚，却也难赚，关键在于是否真的懂得他们。企业要了解他们的特性，提供更加多样的服务和特色。在交易方式上不仅要提供钱货交易的方式，也要提供物物交易的方式，以租赁的方式，来满足他们的需求。例如，美国的 Rent the Runway 就是符合新一代消费者的成功案例，其专门提供奢侈品、礼服等租赁服务，满足女性特定时间点的特定需求。在营销方式上，也要想方设法采用个性的、能够受到年轻一代喜爱的方式。

☞尤其需要深刻理解"90 后"一代

在"80 后"和"90 后"两大群体中，"90 后"作为新崛起的消费群体，他们的消费观念、消费权利、消费意识、消费话语正在深刻影响着整个商业环境。这也就是说，"90 后"作为消费主体，其个性化更加凸显。

今天的"90 后"一代正在逐步走向社会并成为消费主流之一，有关他们的消费心理与行为研究过去也有一些，如有调查研究表明，"90 后"一代消费心理与行为确实与"80后"一代有明显不同，虽然这方面经营者也有所认识，然而制定出的营销策略效果并不理想，这说明经营者并没有真正了解"90后"一代的特点。特别是不少对"90后"一代在消费心理上特点的认识也是从"80后"一代那里想象出来的。在互联网和移动互联网影响下消费者心理与行为正在发生着全新的变化，消费者需要正在由物质向精神、象征性意义转移。可以说，在物质产品已经充满这个世界时，人们有欲望也有条件去索取情感和精神产品。消费心理的这一变化是"需要"、"环境"和"文化"三者交互作用的结果。这三者的变化发生在人们的心灵深处，对人的影响是巨大的。消费者心理在变，营销的思维方式不变不行。

营销策略想要打动"90后"一代，就需要深刻地理解他们，洞察他们的潜在心理需求，考虑他们的价值观、消费观念、情感需求，从品牌和产品的偏好入手，制定完善的营销沟通机制、定价策略、内容与渠道，而不是简单地推断他们是新潮的、追求酷和时尚的，就贸然去迎合。2010年，国内著名体育品牌"李宁"开启其惊人的品牌转型——"90后李宁"。从李宁公司的战略意图看，从1990年成立到2010年正好是20年，启用"90后李宁"即意味着李宁公司是体育品牌中的"90后"。但这只不过是一厢情愿的"套近乎"。多数"90后"对此不以为然，甚至将之视为对他们的刻意嘲讽。"我是'90后'，我就是不喜欢这个（李宁）广告！"不少人这样愤愤表达。尽管有铺天盖地的广告海报，但除了林丹和戴维斯这两位体育明星的光环以外，根本找不到与"90后"心理契合的影子。

李宁的定位失败，给正在挖掘"90后"市场商机的企业一个深沉的提醒：你真的懂"90后"吗？"90后"的"需要"与"环境"、"文化"的交互作用又是什么？如何运用到品牌营销中？其实我们经营者对此并不了解。

特别值得重视的是，"90后"有鲜明的自我意识。他们坚持自我，在认定的事情上不会轻易妥协。在日常的消费生活中，"我"是最优先考虑的因素：我想要、我喜欢、适合我。他们在消费上强调自我的重要性，同时也通过消费来满足自我。但是，他们当中又很少有人会进行冲动消费，在大多数消费情境中，他们都表现得颇为理智。而且他们喜欢新鲜事物，会做一些低成本的尝鲜消费。虽然"90后"比较关注自我，但是他们更加尊重人的个性和自由，对不同的观念和行为表现出更多的包容。同时，"90后"是富有创新精神的一批人，他们对新鲜事物充满好奇心，他们也有能力去创新。"90后"对新事物、新思想的接受程度及开阔的视野，也使他们有能力提出正确的见解，参与家庭消费决策。

"90后"一代从一出生就开始接触互联网，可以说"90后"一代普遍对互联网产生了心理依赖。与此同时，随着年龄的增长，"90后"对网络作为工具的应用也越来越娴熟。有人形象地比喻"90后"一代正过着一种"链接"的生活，即随时随地上网，生活高度依赖网络。对于"90后"来说，互联网已经远远不仅是一个工具，而是一种生活方式。今天"90后"一代还是未来移动互联发展的关键人群，有研究指出86%的"90后"都是通过手机上网，其次才是笔记本电脑和台式电脑。

"'90后'的我有着一颗'80后'的心和一张'70后'的脸。"这可能是"90后"对自己的诠释。一直以来外界对他们"不懂事"的误判，让他们甚为反感。事实上，他们早早就能辨识世界的纷繁万象，心态成熟、淡定，对新事物的认识更加开放和坦然。

与"80后"相比，"90后"具有明显不同的特点，如在自我主张上，他们眼里没有权威，只有自己的观点，不会盲目地听从别人；在自主决策上，希望自己做主，有充分的话语权；在自我成就上，希望自己能够通过某种方式来证明自己的存在与能力。同时，"90后"接受信息的能力、对社会的感知能力、对世界的了解能力以及摆脱传统束缚的能力等都要比"80后"略胜一筹，他们驾驭现代互联网技术和信息手段获取优势的能力也较强。正因为如此，"90后"身上"自我意识"的觉醒尤为明显。

与"80后"相比，"90后"更反感被贴标签。你可以说，"80后"群体是"个性"的，但"90后"的"个性"也不是统一的，他们的个性是差异化的、多元化的，他们每个人鲜活的个性都是无法复制的。所以有人说"90后"是个性中的"个性"一代。纵使同样都是用iPhone手机，"90后"依然能将自己的iPhone与别人的区别看待，因为"我用的保护壳跟你不一样，我跟你就是不一样的"。据说有的"90后"女孩为了证明自己的不一样，甚至会疯狂地买200多个iPhone保护壳，每天换不同的外壳以保持新鲜度。

"90后"追求快乐的原则，就是"只要我喜欢"。鲜明的自我意识会不自觉地驱动他们做出预判：哪些是自己喜欢的，哪些是适合自己的。他们在消费上强调"我"优先，只要是"我"喜欢的和适合"我"的，就不会在购买上有一点妥协，但前提是价格在他们可承受的消费能力之内。

针对"90后"消费者，营销思维方式与策略都需要转移到消费者怎么买的思路上来，而怎么买的重心是消费者的需求与体验。

总而言之，面对互联网的日新月异，如果你不想在移动互联网时代被"80后"、"90后"消费者遗弃，对于大多数企业来说，现在已经到了不得不进行品牌重塑的时候了，因为移动互联网下的"80后"、"90后"正在深刻地重新定义品牌价值。

三、消费主体的社交化

作为移动互联网时代的消费主体,"80后"、"90后"接受了市场经济、全球化、互联网进程的洗礼,他们的人生观、价值观和世界观以及由此衍生出的消费观,呈现出与其父辈迥然不同的特征。腾讯QQ发布的《中国"90后"青年调查报告2014》显示,"90后"是孤独与集体孤独的一代,他们有强烈的社交需求,孤独的他们习惯沉溺于虚拟社交圈,由此可以理解为什么各种社交媒体工具火热流行。这就给企业的网络营销创造了必要条件,也给社交化的电子商务提供了广阔的空间,如图2-4所示。

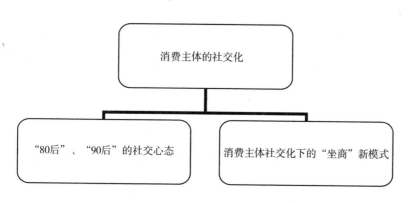

图2-4 消费主体的社交化

☞ **"80后"、"90后"的社交心态**

复旦大学发展研究院传播与国家治理研究中心于2014年10月发布的

《中国网络社会心态报告（2014）》没有涉及心理健康，但是各方面数据也足以令人咋舌。报告中说"90后"是社交一代，"80后"是重商一代，"70后"是中坚一代，"60后"是现实一代。该项目的数据收集工作历时8个月的时间，覆盖1800名网络用户。项目组通过分析样本用户在近两年间发布的所有微博文章，就社会议题、社会情绪、群体认同与网络行动、社会思潮等问题，进行不同社会群体、不同年龄、不同地域、不同学历等方面的比较研究，最后形成了这份报告。我们来对其中的"80后"和"90后"社交做一番解读。

数据显示，"90后"热衷"娱乐"，对社会议题的提及率和关注度在五个代际群体中相对较低，但满意度相对较高。"90后"是对未来中国发展最为乐观的群体，76.7%的"90后"对未来政治持乐观态度，85.7%的"90后"对未来经济持乐观态度。"90后"是最爱在网上消磨"闲暇"时光的代际群体：95.2%的"90后"用户时常在微博上"记录生活"；92.8%的"90后"时常在微博上"分享心情"；92.0%的"90后"时常在微博上"消遣娱乐"。这3项的比例均为五大群体中最高的。此外，"90后"并不经常参与网络行动，对政务微博、媒体微博、"大V"等各类微博的关注度均是五大群体中最低的。

"90后"的社会心态相对轻松，如"社会不安全感"、"不公平感"，以及对"官、富、专业技术人员及知识分子"等负面情绪在"90后"中出现的频率均是五大群体中最低的，但其"生活压力感"、"被剥夺感"却相对突出。调查显示，57.5%的"90后"感受到生活压力，这一比例在"80后"群体中为53.3%，在"70后"群体中为39.0%。认为自己是"被剥夺者"的"90后"占群体总数的24.6%，比例为五大群体最高。但"90后"仍然相信"梦想"和"希望"：数据显示，仅有3.4%的"90后"认为自己生活

"不幸福"。

"80后"是对中国未来经济最为乐观的代际群体：数据显示，"80后"群体中，有19.4%的人对中国未来经济"非常乐观"，70.6%表示"谨慎乐观"，仅有10%的人持悲观态度。

数据还显示，"80后"最善于利用互联网进行社交和营销。70.0%的"80后"时常在微博上结交朋友，维持朋友圈，此比例比"50后"高出约14个百分点；50.1%的"80后"时常在微博上进行营销推广，此比例比"50后"高出约31个百分点。"80后"的网络行动主要集中在个人经济利益上，其所参与的个人维权频率在五大群体中最高。此外，"80后"对收入分配关注度较高，满意度却较低。

除了以上信息外，腾讯QQ与易观合作的《2014中国"90后"青年调查报告》显示，"90后"使用社交网络的八大习惯是：①"90后"青年群体中有高达88.5%的人会经常使用手机上网。②大部分的"90后"都会玩网络游戏，33.5%会经常玩游戏，46.4%会偶尔玩游戏，从来不玩游戏的"90后"占被调查人数的20.1%。也就是说79.9%的"90后"都会玩网游。③"90后"青年中有53.61%希望使用社交媒体与朋友沟通，40.89%希望通过网络社交媒体寻找有共同兴趣爱好的朋友，扩大自己的交友圈。④"90后"在新闻领域的关注上，娱乐占56.1%，科技占40.2%，文化占24.5%，体育占22.5%，对偏娱乐类信息的关注度明显高于"80后"。⑤"90后"青年群体中，74.1%的人会在即时通信软件中加陌生人为好友，25.9%表示不会加入陌生人。整体上看，"90后"中大部分人不排斥认识陌生人，愿意使用即时通信扩大自己的交友圈。⑥"90后"青年使用即时通信软件的主要需求有39.4%是为了与朋友联系，28.9%是为了休闲和娱乐，8.9%是为了与家人沟通，5.4%是为了扩大朋友圈；娱乐需求仅排在通信需求之后。⑦"90后"

青年中有 19.1% 会很喜欢把自己的状态、照片展示给大家，56.1% 会比较有选择性地发布自己的状态和照片。也就是说 75.2% 的 "90 后" 会愿意在社交媒体上发布自己的信息。⑧ "90 后" 青年群体中有 69.3% 的人认为自己只需要几个知心朋友，而 26.8% 认为朋友越多越好，3.9% 比较愿意独处。整体上 "90 后" 群体注重朋友的质量多于朋友的数量。

"90 后" 也是 QQ 主力用户：在 QQ 的用户年龄结构中，"90 后" 最为活跃，占到 39%，"80 后" 占到 32.9%，居于其次，而 "00 后" 的活跃用户达到了 11.3%；QQ 手游用户中，"90 后" 常玩游戏的用户达 33.5%，"80 后" 只占 20.1%；在 QQ 群中，"90 后" 活跃群主占比达 52.3%，"00 后" 活跃群主为 22.7%；在兴趣部落方面，"90 后" 更加突出，占比 58.2%，其次为 "80 后"，占比 32.3%，在绝大多数的部落里，有 60% 的帖子是由 "90 后" 发起的。

从以上数据不难看出，"80 后" 和 "90 后" 是在网络社交环境中长大的一代。现实中，有些人离开网络甚至根本就不了解这个世界，他们把自己的生活巨细无遗地发布在 Instagram（照片墙）上，而且他们了解新闻也不是通过电视，而是通过 Twitter（美国社交网络推特），使用社交网络是他们的强项。

☞消费主体社交化下的 "坐商" 新模式

随着消费主体 "80 后"、"90 后" 的社交化，利用社会化媒体和社交网络的 "坐商" 出现了，这是一种不同以往的新型商业模式，3W 咖啡、车库咖啡、螺蛳粉先生等都是这样的类型。它们与传统商业模式不同，不是单纯依靠 "守株待兔" 的模式经营，而是主动利用社会化媒体去组织用户和客源，并利用微博等社会化媒体进行口碑传播，这里姑且称它为 "社会化商业"。

3W 咖啡、车库咖啡、螺蛳粉先生等社会化商业，有以下几个共同特征：一是它们几乎都是在北京互联氛围最浓厚、社交化媒体使用率最高的商圈；二是都非常善于用微博、微信等社会化媒体的形式进行推广和营销；三是它们的忠实用户大多是一些社会化媒体使用率很高的年轻群体；四是跟传统的"坐商"不同，它们营销前置，利用社会化媒体组织客源。

对于传统商业，大家都知道关键的是地段，通俗地讲就是"在人流量大的地方开店"，也就是我们常说的"坐商"。传统的"坐商"基本上是不做推广的，无论是咖啡馆还是餐馆，开张以后基本上都是"守株待兔"，等消费者上门。来的客人随机性很强，大家基本上都是用完餐就走人，食客之间、食客与商家之间"井水不犯河水"，没有任何交流，是单纯的商业消费。

但在消费主体社交化的情况下，很多消费者都是看了社交网络上的点评或者推荐而来，所以这些消费者在口味、兴趣上就有很多共同点，也就是我们常说的"物以类聚、人以群分"，这些志趣相投的人除了购物消费以外，还催生"社交"的需求。随着此类人群越来越多，某些社会化商业同时也会变成某个主题"聚会"的场所，特别是一些咖啡馆，除了正常消费以外，还会组织相关沙龙，进行主题交流。从传统"坐商"发展到社会化商业的"坐商"新模式，商业便由简单的消费，变成"消费+社交+聚会"的形式，商业消费也变得更加个性化。

当然，新"坐商"的意义不仅限于地面店，推而广之，在应对消费主体社交化的营销策略方面，电子商务的网络商业行为恰恰契合了消费主体社交化的网络社交特性，因而更具优势和发展前景。这一点，已经被无数事实所证明。

四、消费主体的娱乐化

有相关调查数据表明："玩"是"80后"、"90后"生活的主体，用于"玩"的消费可达他们日常消费的 1/3。娱乐的价值就是教会他们"怎样玩"，教会他们通过何种载体让自己觉得更"好玩"。消费者已经进入娱乐消费时代，消费主体娱乐化生存与娱乐化消费已是不争的事实。吸附于娱乐的精灵，通过建设性的娱乐创意，可以让原本平淡无奇的产品和品牌获得灵气，让品牌的蹿红速度更快，这就是娱乐营销的魅力，如图 2-5 所示。

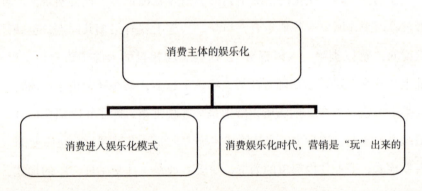

图 2-5 消费主体的娱乐化

☞消费进入娱乐化模式

如果说前几年，你还把"80后"、"90后"当成不懂事的小孩儿，可忽然间，刘翔成为全民偶像，范冰冰红透整片天，"超女"掀起了全民娱乐的高潮……从20岁到30岁，这些"90后"与"80后"，正以你意想不到的态势迅猛崛起，他们逐渐拥有经济实力和消费能力，他们关注报刊上的全球时尚信息，却讨厌别人指手画脚告诉他们该穿什么；他们对国际大品牌如数家珍，却更爱去自己钟情的商场购物。

如"90后"宣称："我每天可以吃得有限，穿得有限，花得有限，但是开心必须无限。""80后"、"90后"热爱娱乐，这种娱乐可以是对娱乐八卦的热爱、对生活压力的宣泄、对社会现象的吐槽、对自己生活的搞怪，天大的事儿也可以被他们解读得极具娱乐精神。

不得不承认，如今的"80后"、"90后"已能搅得时尚界风起云涌，冲在时尚消费最前沿的永远是这群年轻的面孔。消费进入娱乐化营销模式，用娱乐化的方式消费，是时代赋予"80后"和"90后"这群消费主力军的特权。

☞消费娱乐化时代，营销是"玩"出来的

这是一个全民娱乐的时代，这是一个娱乐营销的时代。19世纪的营销是想出来的，20世纪的营销是做出来的，21世纪的营销将是"玩"出来的。

让我们来看一看中国娱乐营销风起云涌的大背景：2006年，新生代市场检测机构CMMS数据显示，看电视、上网、听音乐、唱卡拉OK、听音乐会等娱乐方式构成了中国人的立体娱乐空间。在中国消费者经常收看的电视节目中，综艺节目、音乐节目、旅游休闲节目、电视征婚以及和休闲娱乐有关的节目近几年的收视率都在逐步上升。另外，2006年中国电视剧产量已增至13872集，电影增至399部。"芙蓉姐姐"和"后舍男生"走红网络，"超级女声"红遍大江南北，甚至"百家讲坛"的专家学者们也开始"娱乐一把"……这一切的一切，都在诉说着一个事实：中国人进入了一个疯狂的"娱乐时代"。

在"全体娱乐"的大背景下，中国人走进娱乐营销时代，似乎就是顺理成章的了。首先，娱乐是有品牌价值的。当产品同质化已经成为社会的普遍现象时，娱乐精神和娱乐元素，成为帮助产品"添油加醋"的终极配方，娱乐就是企业的副产品。品牌的核心价值是品牌的精髓，它代表一个品牌的中心，不因时间的变迁而转移。把娱乐、欢乐作为品牌的核心价值，这是很多国际消费品的撒手锏：百事可乐总是为其"新一代的选择"提供超大阵容、超流行、超酷超炫的明星和演艺活动，让目标消费群在娱乐的享受中感受到百事可乐的文化和理念；可口可乐和麦当劳甚至直接就以"欢乐"作为品牌的核心价值。在国内，一些成熟品牌也开始为品牌内涵增添娱乐价值。如动感地带一直以"我的地盘我做主"为品牌口号，把年轻人追求时尚、好玩、探索的个性表达得淋漓尽致。国内"好男儿"、"快乐男声"等"选秀"节目的走红，标志着在美丽与时尚界，以前由女人独享的"女色时代"，在悄悄地起着变化，"男色消费"正初露端倪。才子男装正是抓住了这一消费趋势，适时推出了"时尚国粹"服装，将梅花、印章、青花瓷、书法、山水、戏剧脸谱等中国最典型的国粹，应用到才子男装的服饰设计中，创造出别具韵味和才子品牌特色的系列产品。并由此演绎出"男人进入美丽时代"的品牌主题，倡导"美丽着装"与"美丽生活方式"，以更具时尚品位的诉求开始在新现代男人中引起共鸣。

其次，娱乐能潜移默化地帮企业卖品牌。对企业而言，把握消费者的消费心理，通过娱乐化的方式，选择娱乐化的媒介与消费者进行情感互动，在欢声笑语中将品牌精神与产品信息潜移默化地传递给消费者，无疑是品牌传播的最佳方式。我们所熟知的"麦当劳＋可口可乐"联盟，是因为两者都强调快乐；"肯德基＋百事可乐"联盟，则因为它们都属于挑战者、"年轻一代"的角色。多年以来，"动感地带"与"周杰伦"、彩信、无线上网等好玩的明星与事物联系在一起，所以一直是"酷、炫、动感时尚"的代名词。2005 年，"动感地带"更与世界顶级体育赛事 NBA 联姻，在 NBA 篮球大篷车中国 10 大城市巡回表演中，将自身的品牌传播置入其中，实现了品牌增值。在产品严重同质化的今天，利用品牌联盟的策略，将联盟品牌的娱乐性借用过来，为消费者提供更多的心理感受和文化体验，无疑是为产品加分的好方法。动感地带和 NBA 之所以能结成联盟，正是有着相同的"新奇、好玩、时尚"的品牌 DNA。

这是一个渴望欢乐的世界。当娱乐化精神成为一种时代的新风向标时，我们也必须从新的角度去理解营销的本质——营销不再是将冷冰冰的产品硬卖给消费者，而是用娱乐化色彩为产品注入情感的因素，营造一种让他们感到欢愉的氛围，让消费者在得到快乐的同时，主动去购买产品。

五、"互联网 +" 的主要特征

通俗来说，"互联网 +"就是"互联网 + 各个传统行业"，但这并不是简单的两者相加，而是利用信息通信技术以及互联网平台，让互联网与传统行业进行深度融合，创造新的发展空间。"互联网 +"有以下六大特征：

☞跨界融合

"+"就是跨界，就是变革，就是开放，就是重塑融合。敢于跨界了，创新的基础就更坚实了；融合协同了，群体智能才会实现，从研发到产业化的路径才会更垂直。融合本身也指代身份的融合、客户消费转化为投资、伙伴参与创新等。

☞创新驱动

中国粗放的资源驱动型增长方式早就难以为继，必须转变到创新驱动发展这条正确的道路上来。这正是互联网的特质，用所谓的互联网思维来求变、自我革命，也更能发挥创新的力量。

☞重塑结构

信息革命、全球化、互联网已打破原有的社会结构、经济结构、地缘结构、文化结构，权力、议事规则、话语权不断发生变化。"互联网+"下的社会治理、虚拟社会治理会有很大的不同。

☞尊重人性

人性的光辉是推动科技进步、经济增长、社会进步、文化繁荣最根本的力量，互联网的力量之强大最根本地也来源于对人性最大限度的尊重、对人体验的敬畏、对人的创造性发挥的重视。

☞开放生态

关于"互联网+"，生态是非常重要的特征，而生态的本身就是开放的。我们推进"互联网+"，其中一个重要的方向就是要把过去制约创新的环节化解掉，把孤岛式创新连接起来，让研发由人性决定的市场驱动，让创业者有机会实现价值。

☞连接一切

连接是有层次的，可连接性也是有差异的，连接的价值是相差很大的，但是连接一切是"互联网＋"的目标。

"互联网＋"是"两化融合"的升级版，将互联网作为当前信息化发展的核心特征提取出来，并与工业、商业、金融业等服务业全面融合。这其中的关键就是创新，只有创新才能让这个"＋"真正有价值、有意义。正因如此，"互联网＋"被认为是创新2.0下的互联网发展新形态、新业态，是知识社会创新2.0推动下的经济社会发展新形态演进。

第三章 "互联网+"时代
四大营销策略

随着"互联网+"上升为国家战略，无论是互联网企业还是传统企业都期待能在互联网营销领域有所作为。然而无论是线上还是线下，口碑传播都是强有力的工具之一。但请记住，口碑传播行为是一种带有情绪的选择过程，只有忠诚的消费者才会对品牌有很强的黏性，而他们也会积极地影响周边人的购买决策。因此，"互联网+"时代的企业应该采取四大营销策略，即大数据营销策略、高品质内容营销策略、社群化传播营销策略和场景化匹配营销策略，以此形成良好的口碑传播。

一、大数据营销策略

大数据开启了一次重大的时代转型，就像望远镜让我们感受宇宙，显微镜让我们能够观测微生物一样，大数据正在改变我们的生活方式，大数据时代的核心是预测。在移动互联网时代、大数据化运营的大环境中，企业需要转变思维，顺应时代的发展，调整营销战略以期待新的突破。

☞大数据给企业营销战略带来的转变

大数据给企业营销战略带来的转变如表3-1所示。

表3-1 大数据给企业营销战略带来的转变

转变	具体体现
大数据时代营销战略从关注"技术"到关注"信息"的转变	大数据发展的核心动力来源于人类测量、记录和分析世界的渴望。信息技术变革随处可见，但是如今信息技术变革重点在"T"——技术上，而不是在"I"——信息上。大数据时代信息的获取变得越来越轻松，数据处理能力越来越强大，数据总会从很多意想不到的地方提取出来，量化一切成为数据化的核心，也让"I"成为大数据时代变革的重点。以前的营销活动，都是从收集消费者信息、购买记录等小量精准数据来推导因果关系，制定营销战略，但是这些数据从获取小量样本、到数据分析演算、再到战略实施在时间上已经大大延迟。移动互联网时代的当下，信息可谓是瞬息万变，这样的推导模式远远达不到企业所期许的营销效果。通过大数据分析营销活动的现状和预测未来越来越准确，商家们越来越关注高效
大数据时代营销战略关注从"为什么"到"是什么"的转变	知道人们为什么对信息感兴趣可能是有用的，但这个问题目前并不是很重要。但是知道"是什么"可以制造很高的点击率，这种洞察能力足以重塑很多行业，不仅是电子商务。所有行业中的销售人员都被告知，他们需要了解是什么让客户做出选择，要把握客户背后做出决定的真正原因，因此专业技能和多年的行业经验受到高度重视。大数据还显示另外一个在某些方面更有用的方法，即通过相关关系，我们可以比以前更容易、更便捷、更清楚地分析事物。大数据的相关关系分析法更准确、更快，而且不易受偏见的影响。通过探求"是什么"而不是"为什么"，相关关系帮助我们更好地了解世界、了解商业，更好地制定营销战略。知道"是什么"就足够了，没有必要知道"为什么"。在大数据时代，我们不必一定知道现象背后的原因，而是要让数据自己发声

☞大数据是企业营销战略差异化定位的根基

数据创新取之不尽、用之不竭，数据就像一个神奇的钻石矿，当它的首要价值被发掘后仍能不断给予，因此它是企业营销战略差异化定位的根基。

（1）通过大数据对用户行为与特征进行分析。只有积累足够的用户数据，才能分析出用户的喜好与购买习惯，甚至做到"比用户更了解用户自己"。这是大数据营销的前提与出发点。过去虽也有"一切以客户为中心"作为口号的企业经营思想，但真的能及时全面地了解客户的需求与所想吗？或许只有大数据时代这个问题的答案才能更加明确，如图3-1所示。

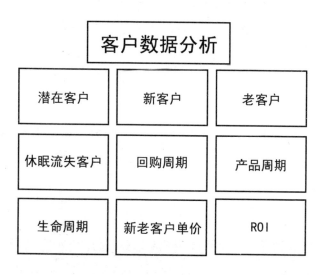

图3-1 客户数据分析

（2）通过大数据支撑精准营销信息推送。精准营销总在被许多公司提及，但是真正做到的少之又少，反而是垃圾信息泛滥。究其原因，主要是过去名义上的精准营销并不怎么精准，因为其缺少用户特征数据支撑及详细准确的分析。现在的RTB（实时竞价）广告的应用则向人们展示了比以前更好的精准性，而其背后靠的是大数据支撑，如图3-2所示。

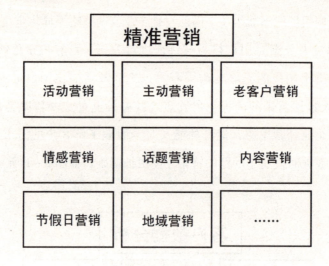

图 3-2　精准营销

（3）通过大数据让营销活动更能投用户所好。如果能在产品生产之前了解潜在用户的主要特征，以及他们对产品的期待，那么你的产品即可投其所好，如图 3-3 所示。

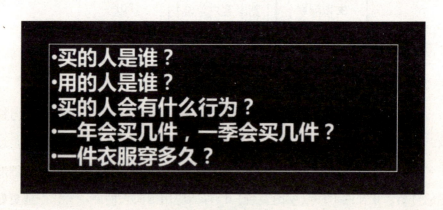

图 3-3　投用户所好

（4）通过大数据帮助企业筛选重点客户。让许多企业家纠结的事情是：

在企业的用户、好友与粉丝中，哪些是最有价值的用户？有了大数据，或许这一切都可以更加有事实支撑。从用户访问的各种网站可判断其最近关心的东西是否与你的企业相关，从用户在社会化媒体上所发布的各类内容及与他人互动的内容中，可以找出千丝万缕的信息，利用某种规则关联及综合起来，就可以帮助企业筛选重点的目标用户，如图 3 - 4 所示。

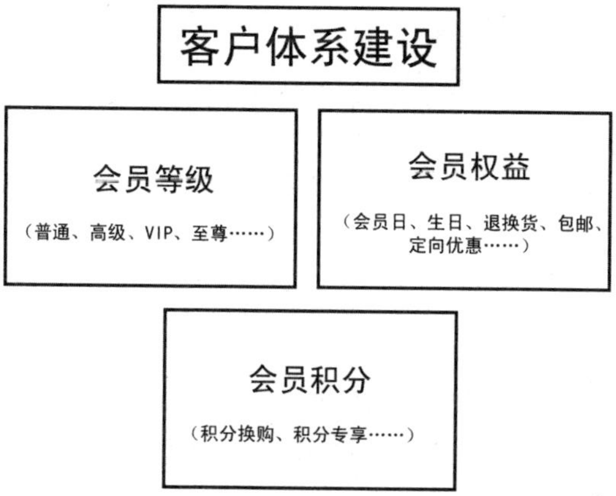

客户体系建设

会员等级	会员权益
（普通、高级、VIP、至尊……）	（会员日、生日、退换货、包邮、定向优惠……）

会员积分
（积分换购、积分专享……）

图 3 - 4　客户体系建设

（5）通过大数据分析更加清晰你的产品消费者特点。面对日新月异的新媒体，许多企业想通过对粉丝的公开内容和互动记录的分析，将粉丝转化为潜在用户，激活社会化资产价值，并对潜在用户进行多个维度的画像，其目的就是更加精准地分析你的产品消费者特点，如图 3 - 5 所示。

☞基于大数据的营销策略创新

企业可以通过大数据分析方法进行行业监测以及创新监测，从而可以辅助战略规划人员来进行商业模式的设计。我们先来看一个案例。

2015 腾讯 NBA 战略发布暨资源推介会在北京召开，会议上除了对 NBA

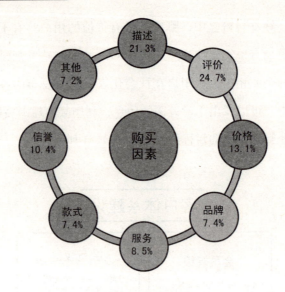

图 3 - 5　购买因素

的 1500 多场比赛资源的全方位运营之外，腾讯在对大数据、小单元的精准营销上做了很多不错的创新，这些创新从用户角度出发增强了互动、个性化，对于商业化营销推广来讲无疑是最有利的创新模式。

　　具体有哪些创新呢？如用户可以自定义需求，同时可以实现边看边玩全方位观赛模式，通过 QQ、微信的资源整合，进行及时的分享互动；3D 战术分析更是花了心思，NBA 小游戏也是一大亮点。

　　作为企业，选择平台做营销推广，其目的有两个：一为品牌曝光。谈到曝光，就需要大流量刺激，有用户关注的事件、活动、新闻自然是曝光的好机会，腾讯这次和 NBA 合作就是一次不错的品牌展示的契机，对于新品发布，如新款手机的推广就是很好的营销渠道。二为产品销量。一切的营销都是有销售导向的，只是在不同阶段目的是不同的。即使品牌初期的目的是曝光，也是为了后期更好的销量，那么我们结合这次 NBA 怎样进行产品转化呢？电商与热门赛事的结合是不错的，如做一个 NBA 专区作为导入落地专题页，通过腾讯强大的流量进行转化即可；还有就是产品线上推广、线下结合进行借势营销等，做好各种工具、物料的互通。

从营销价值上来看，高流量、强势内容、创新模式都将成为品牌传播重要的载体，针对营销这场体育赛事做简要分析，可以得出如下 4 个结论：①品牌传播的大众需求。如果你的品牌是快消品，尤其是以饮品、食品为主，或者是数码产品，如手机、相机等，这方面倒是结合点很多，主要因为此类产品有大众性，所有人都可以接受。针对此类品牌，重点在于与品牌价值融合，如饮品提倡能量、力量等精神，直播、自定义视角展现、比分榜、球星访谈、3D 战术分析等都是很不错的植入方式。另外，在与 QQ、微信的融合上，此类品牌的参与也是很好的方式，易于分享、引发共鸣。②品牌传播的专业需求。喜欢专业分析的大多以资深球迷为主，如运动品牌的融合是在体育营销上最常见的，一般常见于服装、运动鞋等，在资料库、战术分析、特定球员介绍等方面都可以进行深挖融合。③球员与球队的营销价值。喜欢不同球员的球迷也是不同的族群，如喜欢乔丹的是 "75 后"，喜欢科比的是 "80 后"，喜欢韦德的是 "85 后"……这方面虽然是概率测算，但是利用大数据是可以精准判断的。④内容营销的品牌融合。在营销上，尤其针对一些重点的内容是可以深度策划的，一个食品品牌就可以和腾讯策划一个 NBA 球员饮食栏目，冠名即可。有内容，就有营销价值。

腾讯给 NBA 球迷呈现的就是内容盛宴，NBA 的比赛就是内容，但在这内容的把控上也做了很多创新，这些创新源于腾讯对用户的深度了解，从用户出发，通过技术实现，完成个性化的内容输出。一个商业营销行为需要的首先是流量，在用户自定义、大数据精准上的创新，更要把流量的质量提升，这才是价值所在！

营销现在越来越要求精准，这里的精准说的是用户，用户的获取要与品牌价值相符，并在行为上可以产生转化价值，腾讯显然是流量巨大的，在NBA内容上的创新就是在捕捉用户行为，个性化、自定义都是为了锁定这样的人群，营销效果也就容易显现。

基于大数据，可以更好地做精细化运营监控、更准确地做用户细分、更准确地进行个性化推荐、更合理地进行营销推广效果的评估，以及基于用户生命周期进行相关的营销策略创新。具体在以下几个方面值得关注，如表3-2所示。

表3-2 基于大数据的营销策略创新

策略	实施要领
通过大数据的方法进行用户细分	基于大数据可以找出更好的细分维度，并对用户做更好的区隔，以辅助产品运营人员做更加准确的用户细分，并洞察每个细分人群的兴趣爱好和消费倾向，对每类用户分别进行有针对性的策划和运营活动
通过大数据的方法实现对不同推广渠道的效果评估	如果只看一些表面的数据，如广告的点击率，是很难衡量不同推广渠道的真正效果的。如果把用户的渠道行为和后续产品行为（通过渠道获取的用户在产品上的各种使用行为）进行跟踪，在此数据基础上构建渠道质量评估模型，将能够更好地发现渠道的真正质量，或者更直接地，可以发现推广渠道究竟有多少是虚假的流量
大数据用户画像及其利用	通过利用大数据进行有针对性的用户画像，并通过用户画像数据、用户行为和偏爱，结合个性化推荐算法实现根据用户不同的兴趣和需求推荐不同的商品或者产品，通过算法真正实现"投其所好"，以实现推广资源效率和效果最大化

总之，在移动互联网时代、大数据化运营的大环境中，企业应该是完全以数据分析驱动的企业，企业要拥抱大数据时代，利用大数据及大数据分析转化成洞察的能力释放企业潜能，实现转型与进化。

二、高品质内容营销策略

在社会化媒体时代，企业自媒体营销的关键点从粗放式的媒介入口争夺转移到对目标用户时间的争夺，争夺用户的时间，靠的是高质量的内容，社会化自媒体运营中主要也就是围绕内容开展的。

☞什么是内容营销

内容营销是以图片、文字、动画等介质传达有关企业或产品的相关内容来吸引用户关注，给用户以信心，从而达到促进销售的一种营销方式。它通过分享、协助、给予客户答案的角度来向消费者传递信息，传统的营销方式更多的是通过打断用户思考，来硬性传递产品信息。内容营销的内容可以分为很多种，一般常用到的有热点性内容、时效性内容、即时性内容、持续性内容、方案性内容、实战性内容、促销性内容七种。

现在来看几个内容营销的例子。①电子商务。如果是一个食品类电商网站，可创建一个"饮食百科"栏目，内容主要讲：什么食物适合什么人吃，什么食物适合什么时候吃，什么食物如何吃等。如果是一个服饰类电商网站，则可以创建一个"服饰搭配技巧"栏目。②远程电脑服务。可以先想一想，谁是潜在用户呢？当然是电脑遇到问题的人。遇到问题时，这些人的解决方式一般是两种，要么上网搜索（首选），要么求助朋友。知道了用户的行为，我们就可以进行有效拦截。具体方案是：在网站中创建一个"电脑百科"频道，持续、定期地发布一些电脑使用技巧、电脑问题故障解决等内容，一定可以从搜索引擎截获大量潜在用户。③传统的 B2B 行业网站。这个行业的用户有个显著的特点，即喜欢看案例。在选择与你的公司合作之前，一定会详细了解你曾经服务的客户（包括客户类别、项目规模、用户反馈等）。"知己知彼，百战不殆"，了解了用户需求，接下来的事就好办了，只需要在网站中介绍大量成功案例。

内容营销之所以越来越受到企业的重视，是因为比起其他载体，在网络中，内容营销可以在动画、文字、视频、声音等各种介质中呈现出来，对于目标客户更具有吸引力，但是"言之无文，行而不远"。在网络上如果给客户的都是空洞的、雷同的内容，甚至是抄袭的内容，不但不能起到营销的效果，还有相当大的反作用。内容营销不同于广告，既不依靠绚烂的视觉冲击，也不倚赖"天马行空"的创意博得掌声，而是完全凭借内容（提倡原创内容，拒绝抄袭），提供优秀、有价值的信息来驱动消费者的购买和认知行为，其可以更好地保留客户，提高品牌忠诚度。

☞ "内容为王"时代，企业需要掌握的内容营销关键原则

打造一个成功的内容营销需要一个伟大的内容营销策略，而营销策略需伴随整个社交媒体的变化而逐步转变。在"内容为王"时代，把握在线内容的导向和趋势，将内容营销的 DNA 植入销售和运营才是走向未来的关键。为此，需要把握和运用以下内容营销的关键原则，如表 3-3 所示。

表3-3 内容营销的原则

原则	含义
尽一切可能创作最优质的内容	好内容是关键。不过，这说起来简单，执行起来却并不容易。创作令人难忘的内容没法信手拈来，但是有迹可循。在"Made to Stick"这本书中，作者介绍了创作优质内容的六大原则：简单直观、令人意外、具体细节、可信可靠、饱含情绪、故事完整。如果你能基于这些原则来创作和修改内容，至少能让你的内容更上一层楼，为接下来的营销打好坚实的基础。在这里，讲述企业发家史是个不错的方法。一个企业能发展起来，必然有其特殊之处。很少有人会想到展示公司历史，更别说去做这件事情。创办公司的动力是什么？是不是发生了什么事情使你不得已而为之？还是在一次旅程中一时起意？你有没有什么人生信条？这些故事都是你可以告知你的顾客的，可能因为这些故事而拉近你与顾客的关系
起个"炫酷"的标题	即使再不喜欢"标题党"，你也得承认好的标题是一个必然的趋势。在过去，人们不得不通过购买图书、报纸、杂志来获取内容，一般而言，自己花钱买的内容再难看也要忍着读完。但是在社交网络上并不是这样，免费的内容到处是，如果你的标题不够炫酷、不够抢眼、不够抓人、不够走心、不够炸裂，那么必然会被读者忽略、被用户抛弃。时机稍纵即逝，每一个文字的时间窗口都非常短暂，稍纵即逝的时机是对每一个标题的严苛考验，不论是在微博还是在微信，皆是如此。如果不能让每篇文字都成为经典的内容，至少你可以做一个称职的"标题党"
打造有针对性的内容	成功的企业了解他们的客户是谁、明白问题在哪里、掌握用户的痛点，这也是内容的创造者和营销者需要具备的素质。内容需要围绕着给用户提供解决方案或问题答案来打造，迎合用户的需求，戳中他们内心深处的欲望、需求，击中他们内心最柔软、最痛苦的地方。内容就是你的食材，你就是站在案板前的首席厨师。鞋合适不合适，脚最清楚，所以你需要让自己成为一只敏锐的脚，每次都问问自己：这是不是用户想要知道的？他们会不会为此而着迷？如果对于所探讨的主题极为熟悉，且热衷于这个行业，那么你会很清楚这些问题的答案
为内容搭建清晰的结构	时间就是金钱，谁的时间都不够用。在这样的社会中，信息爆炸，数据满天飞，大家获取信息的关键已经从"看什么"变成了"不看什么"。所以，清晰的内容结构能够让读者更顺畅地获取信息。良好的内容结构通常符合下面的特征：短句、短段落、副标题、提纲要点、列表。所以，千万不要用缠夹不清的长句挑战用户的底线
让用户可以轻松分享	社会化营销是一场战争，从内容页的网页设计到分享按钮的布置，从用户评论到社交媒体上的文案，每一个细节都要慎重考虑。让社交分享按钮尽量清晰方便，让你的内容"流动起来"，但是又不会过于突兀，或者喧宾夺主

原则	含义
搜索引擎优化	这几乎是中国网络营销者必备的技能。抓住关键词，了解搜索引擎的抓取内容机制，确保你的内容很容易被搜索引擎发现。如果你有好的内容，就能随时随地被搜索到，从而提高曝光度
让你的品牌"发声"	不论是企业还是个人，在网络和社交媒体上都具有品牌属性，在这个"内容为王"的时代，应该让品牌发声。虽然有的看起来略显粗糙、冒险或者保守，但是它们确实存在，所以作为内容营销者，应该有品牌意识，并且将品牌的基因注入内容营销中。如何令品牌"发声"呢？如可口可乐这样的品牌，通常会让内容和品牌目标相"匹配"、"一致"，这就是"发声"。看看红牛的内容营销，你就很容易明白了。其实个人品牌的品牌营销也遵循相似的规律
借力多媒体	文字的力量不容小觑，但是视觉内容能够更直接地冲击用户，这也是为什么日本的年轻人更愿意接受漫画而不愿阅读文字。创建并发布视频，这还仅是一个开始。还有用户喜欢阅读，可以将你的内容制作成为电子书和 PDF 文档。在中国，你拥有微博和微信公众号还不够，在移动端，头条、陌陌、优酷、B 站都是相当不错的社交媒体平台。在博文中跟大家共享有价值、有趣的照片，坚持不懈地在多个平台上稳定均匀地分发内容，能够同你的用户建立信任，增长品牌知名度。有一个创造内容并且可能吸引大量公众广泛分享的捷径：在社交媒体上找到对你所在行业感兴趣的排名前 25 位的网络名人，简短地评论他们的博客或账号，如果你的评论恰到好处，那么博主很可能会转发。这样就会为你带来大量（粉丝）访客，甚至提高你的搜索量
将读者转化为你的买家	没有目标的内容是浪费时间和金钱，也是对品牌的极大浪费。内容营销的目标应该包括获取用户的联系方式（邮件、微博、微信、电话）、点赞、转发和分享，销售产品和服务。你需要将内容的读者转化为你的产品和服务的购买者或者用户。"以转化率为中心的设计"应该是进行内容设计的核心思想。从设计和心理学的角度，需要关注七个方面：封装模式、对比度和色彩、方向引导、留白、紧迫性和稀缺性、先试用再购买、社会认同

　　上述内容营销的关键原则看起来很空泛，但是结合那些成功的案例来看，你会很快明白它们的价值所在。

三、社群化传播营销策略

社群营销就是基于相同或相似的兴趣爱好，通过某种载体聚集人气，通过产品或服务满足群体需求而产生的商业形态。社群营销的载体不局限于微信，各种平台都可以做社群营销。论坛、微博、QQ群，甚至线下的社区，都可以做社群营销。

随着移动互联网和微信的崛起，社群营销将是未来的趋势。小米的成功就是社群营销的典范。小米聚集一群手机发烧友，共同开发系统，共同参与研发高性价比的手机，以至于不是米粉的消费者都选择了小米。通过微信培养各种粉丝，包括个人微信号、公众号、微信群等，先给粉丝传递价值，后盈利，这是普遍的社群营销形式。

传统推广方式越来越难以维系，用户越来越容易审美疲劳，推广成本越来越高。这也让大家越来越重视粉丝经济、社群经济。企业可以没有自己的知名品牌，但必须要有自己的粉丝会员，否则难以应对日益激烈的互联网竞争。企业可以从以下几方面来活用社群营销。

☞支持和赞助社群活动

对于企业而言，其目标消费群体所组成的社群是有着重要价值的社群，企业应该尽力支持和赞助这样的社群所举行的各种活动，让品牌与社群的情感紧密相连，这样有利于企业的品牌创造和信息传播。甚至有时这种聚会直接就能形成企业的产品消费，让企业在这种社群活动中直接获利。如芝华士经常赞助各种大型夜场派对，给予其一定的优惠产品，毫无疑问，参加这些大型派对的青年男女就是芝华士的主要消费群体，赞助这种社群活动，既让目标消费群体体验产品，形成口味依赖和品牌好感，又直接实现了利润。

☞建立目标客户的社群数据库

对于企业来说，不仅要学会利用各类群体自发建立的社群开展营销活动，同时也可以组建自己的"客户社群"，通过建立这种客户社群来形成顾客或者潜在顾客的数据库，将顾客的基本特征、偏好、生日、购买产品及时间全都搜集起来，并进行动态的管理和精准的营销。

如化妆品企业、美容院在年末举行顾客答谢酒会，建立"爱美会"社群，然后经常由企业组织讲座、郊游、午餐会等活动，将顾客资源收入囊中。企业一旦通过社群建立了目标消费者的数据库，就可以针对社群里面的顾客进行信息传播咨询，做精准营销。

☞围绕社群，开发产品

很多推广人把朋友圈看成单纯的营销平台，天天在朋友圈发布广告，推销自家的产品，也天天刷群推广，但是他们只是考虑到产品的推广，却忽视了产品的品质、用户的体验，这是大错特错的。只有保证产品或服务的品质，基于此建立的社群才会是一个有情感、有温度、持久的、不断壮大的朋友圈，你的推广才能得到发展和扩展。

有人提出"产品型社群"的概念，并认为这是互联网时代下的生存方式。产品型社群是互联网时代社会组织的新特征，是家庭、企业之外的一种新的连接方式。产品型社群并非互联网文明下企业生存的唯一方式，但这条路径是目前被验证的且是逻辑推演得出的一种路径。"产品型社群"的概念，对于围绕社群开发产品来说，有着启示意义。

事实上，互联网时代最重要的是产品，与工业时代相比，产品的成本结构与性能属性都发生了重大变化。产品的本质是连接的中介，过去承载具体功能，现在承载趣味与情感。优秀的产品能直接带来可观的用户、粉丝群体，基于此往往还可以开展更多业务，实现利润递延。如果企业能够经营自身的产品社群，做到营销和产品合一、粉丝和用户合一，那么未必要通过产品直接盈利，有更多的盈利方式可供探索。互联网时代的企业需要更多地接触用户、粉丝与市场，因此它的组织形式注定是更为扁平的，将实现管理和产品合一，内部和外部合一。

☞社群中的情感营销

情感营销就是把消费者个人情感差异和需求作为企业品牌营销战略的情感营销核心，通过借助情感包装、情感促销、情感广告、情感口碑、情感设计等策略来实现企业的经营目标。我们站在社群的角度来分解"情感营销"这4个字，或许更能说明其含义，如表3-4所示。

表3-4 情感营销的含义

事项	含义
"情"	腾讯对朋友圈的定义是"连接一切"，意思就是促进朋友与朋友的情感连接。可以看看大家都在朋友圈做什么，晒工作、晒生活、晒个性、晒兴趣爱好，让远在他乡的朋友也能了解自己的动态，拉近彼此的关系。所以推广人首先要摆正一个观念，要把朋友圈真正看成朋友圈。凡在圈中，皆是朋友，要沟通、交流、关心、点赞、评论、解答，建立你和朋友的情感连接
"感"	朋友圈的交易，信任是基础，建立信任，首先要树立别人对你的好印象，用时下流行的词叫"个人品牌"。如何树立？要展现自己的正能量，如积极乐观的生活状态、亲和守信的做事风格、较高的解决问题能力，对他人的影响力也就是你的人格魅力

事项	含义
"营"	"营"就是经营，是指朋友之间的情感建立是一个积累的过程，想要发个产品图就有人自动下单，在朋友圈是行不通的
"销"	销就是销售。这是推广最关键的一步，却也是最"不重要"的一步。因为前面三步做好了，线上推广的效果自然而然就好了，无论品牌传播还是产品用户付费率的转化。推广切忌强推，甚至有时候我们应该给朋友提供其他产品的选择，但这其中要暗示客户你的服务才是最佳服务

☞社群的"舆论领袖"作用

互联网上的论坛、BBS 都是特定社群成员沟通联系的地方，他们在互联网上往往有"根据地"，而在这个消费过程中，由 AIDMA 变成了 AIDSA，即 Attention（引起注意）、Interest（产生兴趣）、Desire（引发欲望）、Seach（搜集信息）和 Action（购买行为）。企业要充分注意社群内部对产品的评价，有意识地对与自己的产品相关的社区和论坛进行管理，这就是"舆论的软控制"。

☞社群内部的"偶像效应"

每个社群都会有自己的偶像，如当周杰伦红遍大江南北的时候，全国的周杰伦歌迷就会模仿、收藏、购买和周杰伦有关的产品。于是，德尔惠推出周杰伦亲自参与设计的篮球鞋，如"黄金甲"，使这些产品受到了周杰伦歌迷的高度关注。

在每个特定的社群内部都很容易形成"偶像崇拜"，一方面，社群本身可能是由于某一个偶像而形成的或者由某个"领袖型"人物所组织的，另一方面，社群成员由于具有相同的心理背景和价值观，容易喜欢上同一的偶像。企业可以利用"偶像崇拜"效应来进行全资营销。

20 世纪 80 年代以前，美国的嬉皮士对于哈雷摩托车的推动起到了重要作用，让更多的人知道了哈雷；在哈雷几次濒临倒闭的时候，老 CEO 又成了它的形象代言人，骑着哈雷摩托车联络世界各地的销售商。在今天，哈雷车迷的社群里不再是缺乏头脑的叛逆小子，他们更可能是律师、牙科医生、互联网工程师、广告公司的艺术总监、媒体记者，甚至是政府要员和明星大腕。他们一般都受过良好的教育，年龄在 30 ~ 40 岁，家庭年收入在 7 万美元以上，其中有 10% 的女性，不知不觉中哈雷车已向上流社会渗透。哈雷公司在把产品向"上流社会"渗透的时候是下了功夫的，其透彻地了解那个时代人们崇尚成功人士的心态。于是，《福布斯》杂志已故的老板马科姆·福布斯在 20 世纪 80 年代初向商界精英宣传哈雷的过程中起到了关键作用，他玩哈雷车，让更多的受众知道了哈雷也是一个时尚的、耐人寻味的东西，人或多或少都有附庸风雅的心态。

总之，在当前的市场环境下，消费者往往都有自己的社群归属。这些社群充斥着互联网世界，以各种各样的名目存在于虚拟或现实的世界中。研究社群的特点、掌握社群的数据、利用社群资源、重视社群营销，将成为企业营销的新型武器，也是赢得新时代消费者的重要法宝。

四、场景化匹配营销策略

很多时候营销要触动消费者，一定要有匹配的情景，因为人是受环境影响的。新技术的发展，让随时捕获这种情景变得容易，如移动互联网和任意的广告屏幕及终端的无缝链接。如何围绕着场景来构建新的商业体系？在构建过程中应该遵循怎样的准则？也就是说，营销如何"场景化"以及如何通过可以谈论的"内容＋场景"的匹配，成为了所有企业都需要面对的问题。

目前，国内移动互联网占据领先地位的，无一不是构建场景的高手。阿里和腾讯在讨好用户方面有着更为深入的思考。它们花了大把的银子，构建了一个用户打车，然后顺理成章地用它们的支付工具付费的场景。滴滴和快的的竞争，在本质上是阿里和腾讯在营造支付场景上的角力。小米在建立自己智能硬件帝国的同时，也构建了一个用户能用小米手机进行各种操作的场景。正如《即将到来的场景革命》中所言，互联网争夺的是流量和入口，而移动互联网时代争夺的是场景。

事实上，数字空间是一个二维世界，易于传播信息而难以体验；而现实世界是一个三维世界，传播信息的效率相对较低却容易产生体验。所有的商业最终都是用时间来换空间，而所有的战略支点都是用空间来换时间。搭建有意思的营销场景，不妨回到现实，在场景中找到营销灵感。

☞生活场景

人的某些需求，要在特定的场景下才会被激发，找到这些场景，就找到了机会。中国香港的季风气候让人头疼，少见晴天，多是阴雨，让人心情持续低落。宿务航空却抓住"下雨"这个场景，吸引大家到阳光明媚的地方旅游。雨代码，即利用防水喷漆在大街上喷二维码广告，平时隐形，一下雨就冒出来诱惑人：下雨太烦人？快扫二维码，来菲律宾跟阳光玩游戏！

大部分城市人过着两点一线的平凡日子，要么挤格子间，要么挤公交车。在这些日常的场景中添加一些跨界元素，创造新鲜的场景，能让人的肾上腺素顿时上升。WWF（世界自然基金会）为了呼吁人们关注全球气候变暖的问题，在巴拉圭首都的街头搭建起简易餐厅，以大地为灶台烹饪食物，把"地面温度"和"煎锅温度"联系起来。不少路人围观试吃，甚至亲自动手体验，直接感知全球气候变暖这一平时不易察觉到的问题。

☞艺术场景

艺术是我们休闲生活中的重要组成部分，如展览、电影、话剧、音乐会等，人们在这些艺术场景中会产生独特的感受。中国台湾第一大生活用纸品牌五月花利用其纸巾产品，将各大城市地铁站、商城变成艺术场景——卫生纸画廊。活动现场分别邀请了专业人士和普通消费者，在五月花卫生纸上作水墨画，通过参与来体验五月花卫生纸柔滑、强韧和湿水不易破的重要特性，同时在活动中体验艺术。

☞运动场景

在运动场景中，除了运动本身，还有很多其他场景，如中场休息、观众呐喊、受伤替换等，可挖掘的场景有很多。阿尔山矿泉水则抓住了休息时喝水的场景，打造出"环保手写瓶"。在集体运动中，往往很难找回运动场边自己喝过的那瓶水，只能重新再开一瓶，这就造成了浪费。于是，阿尔山在原有瓶贴的基础上，增加刮刮卡的特殊油墨涂层，供消费者在瓶身上留下自己的专属标志。这不仅击中消费者的需求，还提供了参与互动的空间。

改变运动中的某些元素，创造新的运动场景，也可以给消费者带来新鲜的运动体验。耐克在西班牙马德里开展了一场名为"Football Anytime, Anywhere（随时随地踢足球）"的运动，用夜光投影为年轻人创造运动场地。用户可使用 APP 呼叫"耐克大巴"，这辆大巴就会带来激光投影的足球场、球门等设施，甚至还有免费的耐克球鞋，让年轻的人们能在夜光足球场中愉快地玩耍。

☞消费场景

消费是整个商业链条中的关键环节，对于某些品类如快消品而言更是消费者最容易受影响的环节。在洋快餐店使用优惠券点餐是一个大家都很熟悉的场景，如何把使用优惠券这一场景变得有趣？麦当劳在推出忘形麦辣鸡翅的时候使出了狠招——出示其他品牌的鸡翅优惠券也可获得折扣优惠！这不仅能吸引更多消费者到麦当劳尝试新品，还增加了消费者使用优惠券时的乐趣：这张肯德基的优惠券，真的也能用！

刷卡是我们消费时经常做的一个动作，设想一下如果这个动作不在刷卡机上完成会怎样。MISEREOR（德国米苏尔社会发展基金会）是德国一个致力于救助国际贫困地区的公益组织，这个组织制作了一个可以刷卡的户外广告牌，只要轻轻一刷信用卡，广告牌上被捆绑的双手就会被解放，捐赠"立马见效"，也让公益广告马上转化为捐赠。

☞节日场景

这年头，商家都拼命利用节日进行促销，连半周年庆都能被某电商拿出来做促销噱头。除了传统的节日，网络上还出现了很多新奇有趣的人造节日，但在节日中挖掘到好商机才是重要的。英国哈维尼克尔斯百货公司发现在圣诞节人们都要花费一大笔钱购买礼物送亲朋好友，无法把钱花在自己身上，于是他们发起了一个"Sorry, I Spent It On Myself（对不起，我花在自己身上）"的运动，消费者只要搭配购买包装好的小商品，那么高价商品就能获得折扣。这样既能给自己买一份高价的礼物，又能送给亲戚朋友一份包装不错的小礼品，可谓一举两得。

☞虚拟场景

在数字时代，人们很多时间都花费在虚拟世界里。除了"三件宝"外，用户在网络上的每一个痛点都可以成为供我们利用的场景。在地铁上、公交上，满满都是拿着手机看新闻的年轻人，可是时常出现信号不好的情况，对着离线页面只能无奈。新加坡图书出版商"Math Paper Press（数学试卷）"利用这个场景，把图书中的段落植入这些离线页面中，当用户访问网站遭遇断网时，就会看到这些段落和售卖书店的地址，既能帮用户打发时间，又能给书店带来生意。

以上几种场景仅做抛砖引玉。假如根据产品和服务类别去细分联想，会发现更广阔的思路。此外，越是跨界的搭配，越能擦出让人惊喜的火花，曾经风风火火的香奈儿品牌超市秀场就是一个极好的例子。当大家都在热衷于微博微信之时，何不另辟蹊径走到其他场景中去，做点让消费者喜欢和接受的事情，再拿到数字平台上传播，这也是一个很好的做法。

第四章 "互联网＋"时代的网络营销

电子商务在中国已步入了黄金时代，然而在营销竞争中，企业的电子商务却遇到种种困境，企业如何高效地开展电子商务成为重头戏。事实上，"互联网＋"时代的网络营销，关键在于这样几个方面：运用微信5.0新模式进行个性化营销、掌握电商营销的新突围方式、实施快速低成本的全网营销、用微信建设和传播集团品牌、尝试独特的O2O2O推广营销形式。无论是闯局成功的互联网新贵，还是寻求变局的传统企业，都应该从上述几个方面寻求解决办法，以期实现转型升级的突破。

一、微信5.0的个性营销新模式

腾讯于2013年8月推出全新的微信5.0版本，被业内称为微信史上极具革命性的动作。发展最为迅速的微信，用两年的时间基本垄断了国内移动即时通信市场。这个覆盖6亿用户的新兴渠道也对企业的微信营销造成了一定的冲击。微信5.0上市以后，服务号的主动发送限制、订阅号的2级页面限制，让尚处于摸索阶段的企业微信不得不迅速加入"改革"的浪潮，寻找和调整自己的微信营销策略。

☞微信5.0对于行业应用企业的影响

微信5.0的每一个功能都开始演变为入口，对于微信本身而言，已经不是平台级的产品了，而是黑洞级的产品，正在一步步吞噬其他平台，甚至有可能未来会触及行业应用，包括传统电商、营销推广企业，做行业应用的企业必须转变现有产品运营方式，避免与微信正面交锋。

入口是运营的根本，多入口代表多种对接方式，对新技术和新模式要有基本的了解，技术和产品特性才能发挥本质的作用。扫一扫功能的升级表明，在前期微信的对接一定是平台，它很难把这个价值拉伸到每个个体商家，所以选择平台对接是发展的基础，个体商家的对接一定是未来方向。这也是受商家的现阶段的信息发展状况决定的，所以微信5.0推出后商家最好和第三方平台对接。以二维码为用户接口是商家的不二选择，这个对于比较火的二维码营销企业来说算是已经深入核心业务中去了，这些企业必须变革，在行业应用中站稳自己的脚跟是现在迫切的需求。

关于微信对公众号轻量APP式的开放和后台CRM对接，由于对公众号的开发需求上升，后台管理功能对接升级，这需要一定的开发能力和对传统业务个性化定制的产品能力。根据现有的情况建议成立专门的微信体系业务运营团队，通过针对企业本身需求，以微信作为二维码载体，专门研究微信公众平台以及微信营销业务，通过微信提供的接口功能，为传统行业企业提供更多个性化的定制产品，做好、做精，这也算是行业应用的一项拓展功能，不做竞争者。

☞微信5.0时代微信营销的做法

微信 5.0 时代的微信营销到底怎样做呢？其实客服功能也是营销范畴之一，微信 5.0 刚上线时的模式有以下几种，如表 4 – 1 所示。

表 4 – 1 微信 5.0 时代的微信营销方式

序号	内容
1	个人用户摇一摇，查看附近的人，加好友，如果有 10 个员工，1 个人加 100 个经过筛选的好友，就是 1000 人；可以与他们沟通，可以通过朋友圈分享资讯；切记要筛选有价值的用户，而不是为了追求数量，完成指标任务而加好友；加好友发广告、朋友圈频繁发广告是很愚蠢的行为
2	游戏设计与开发公司可以考虑与微信合作
3	大型网上商城也可以去找微信谈，当然，这需要你做到了京东这样的程度
4	利用扫街景功能，让你的品牌显示在相关建筑内
5	建立订阅号，提供有价值的专业信息，让关注者喜欢你的内容，在潜移默化中接受你的品牌或形象
6	完善服务号的功能，真正确立为客户服务的思想，把微信作为完善提示服务的工具
7	也可以开通支付功能和会员卡功能，甚至和现有 CRM 系统打通，不过需要第三方开发服务商的帮助
8	优惠活动可以吸引更多目标用户的关注，但是也可能会吸引贪小便宜者的关注，他们对你是没有太大价值的，因此搞活动时要注意把握"度"

☞微信5.0营销案例分析

由于企业服务的方式不尽相同，技术服务、内容服务、情感服务、互动服务、支付服务等都可以利用微信来服务消费者。大多数企业还在不停地摸索适合自己的定位和目标，通过以下不同的个性案例分析，也许能让不同行业、不同需求的企业找到适合自己的微信营销方式，如表 4 – 2 所示。

表4-2 微信营销案例分析

序号	案例分析
1	招商银行的服务号,微信号是cmb4008205555。招行信用卡中心的微信平台以服务客户为主,平台不过是个工具,更多的是将持卡人个性化服务的内容逐步整合到这个平台上来,这个平台应该是围绕持卡人,围绕招行的各种业务、各种服务以及各种合作伙伴展开的"微生活圈"。招商银行案例的特点是,很强调技术、CRM属性,能将招行、南航这样的企业原来在各自领域的优势带到微信中来,而不是通过营销的方式榨取微信的资源
2	都市丽人的阅读号,微信号是cosmolady - club。都市丽人打造了一个针对1700万的庞大会员体系的只"服务"、不"营销"的微信账号。在都市丽人的系列微小说中,主人公"大丽妞"开朗泼辣、仗义敢言,性格中充分体现了贴身内衣企业所致力于营造的一种产品文化风格。都市丽人微信公众号采取针对性的内容策略,描述、点评社会热点事件、生活琐事,紧抓都市大众化女性的心理特点,以诙谐、个性、大胆的语言风格加以表述。这些简单风趣的原创微小说、漫画配图占领了受众生活中的碎片时间,以极其贴近化的笔触让读者享受畅快淋漓的情感表达,甚至是情感宣泄。开通不久,在没有做任何推广、活动的前提下,都市丽人的粉丝持续增长,平均阅读人数占送达人数的40%,图文转化率50%左右,分享次数逐步提升,保持在15%以上。与微信平台运营公众账号相比,数据十分可观
3	杜蕾斯的私密号,微信号是youlovedurex。杜蕾斯微信向来以拟人化为亮点,大家持续将关注聚焦在其活动、互动等方式上,但长期吸引读者的其实是其私密、大胆的话题,不管是"杜杜小讲堂"还是"一周问题集锦",都是大家感兴趣但是不方便在生活中讨论的话题。杜蕾斯的产品品类,让内容和产品变得高度契合,也让消费者对其产生了深深的依赖
4	appsolution的科技号,微信号是appsolution。从美剧《生活大爆炸》的火爆到移动IM市场的火爆,"科技宅"已经渐渐变成"科技潮"。在手机上接收信息,最实用的莫过于发现几款靠谱的好应用,appsolution就是定位于此的微信账号。它会每隔几天向听众推荐一款最好玩的新鲜应用,即使这些应用不适合你,也可借此了解最前沿的移动应用趋势。当厌烦了那些主流产品的资讯,这里的一切显得耳目一新
5	1号店的支付号,微信号是yhd111。以"你画我猜"游戏风行的1号店并没有因此渐渐沉寂下来,随着微信公众账号全新升级、微信支付等功能的开发,1号店顺势推出全新"搜一搜"功能,用户输入自己想要查询的商品名称,如"牛奶",1号店微信公众账号便会自动搜索推送相关商品,方便用户轻松查询,使购买支付更迅捷。微信本身庞大的用户基础加上良好的用户体验为1号店微信账号聚集了人气,据悉,在微信5.0版本推出不久,用微信扫描二维码,查询1号店商品信息日均扫描次数接近2.5万次,每天平均有2万人通过微信"扫一扫"功能登录1号店。这是一个堪称经典的案例

二、电商营销的新突围方式

传统模式下的"广撒网"策略会让电商营销费用付之东流,社会化媒体的出现让电商企业看到一丝希望,如何在现今条件下突围成为每个电商营销需要考虑的问题。在这里,深度强化"4I原则",通过精细运营以拖动长尾销售,是电商营销的新突围方式。

☞深度强化"4I原则"

对于电商企业而言,需要把握社会化媒体营销的"4I原则",即兴趣原则(Interesting)、利益原则(Interests)、互动原则(Interaction)及个性化原则(Individuality)。与传统企业的广告投放相比,社会化媒体营销"4I原则"的主要特性在于互动和个性化上。"4I原则"完全从用户角度出发,以吸引用户注意力、鼓励用户参与为基本目标,符合注意力经济时代营销的基本要求。它不仅是电商社会化媒体营销的实施理论基础,更是电商营销突围方向,帮助企业强化营销深度。

根据"4I原则"的观点,社会化媒体营销应该从兴趣、利益、交互、个性4个方面去策划设计,这4点从不同角度阐释了社会化媒体营销应该注意的问题。O2O电商作为以网络为基础的新兴电商,采用"4I原则"作为营销活动的指导能够吸引用户关注并参与到营销活动中,能够让营销更有效。

一是兴趣原则。兴趣原则是指在营销活动中加入趣味性的内容,增加用户参与营销活动的主观意愿。在注意力稀缺的社交媒体时代，用户对"硬"广告已经产生了免疫。在这种情况下，营销活动必须要遵循兴趣原则才能获得用户注意力，这是营销成功的基本前提。兴趣原则可以从以下几个方面去考虑：①文案和视觉趣味化，在营销文案中使用趣味化的词句。文案是用户接触营销活动的原点，只有在文案有趣的情况下，用户才有进一步参与营销活动的意愿。相比文字而言，图形在传播中更直接，形象生动，视觉冲击力更大，通过采用美观趣味的营销图片，才能够提高活动对用户的吸引力。②游戏化设计。游戏化是指将游戏思维和游戏机制注入原本并非游戏的内容中；用来增加用户的黏合度以及解决难题。专家认为，游戏化设计可以强化企业与用户的关系，增加用户黏合度、满意度与忠诚度。在社交媒体环境下，游戏化设计是激发用户兴趣、提高用户参与度的有效手段。

二是利益原则。通过打折、促销、返券等形式激励用户是电商最常采用的营销手段，这类手段都遵循4I的利益原则。在O2O电商营销活动中，给用户提供的利益主要包括经济上的利益和心理上的利益。经济上的利益是指通过返现、抵现、打折等方式减少用户在交易过程中的花费；心理上的利益是用勋章、等级、称号等方式满足用户"炫耀"、特殊对待的心理需求。总之，就是要让用户能从营销活动中感受到"收益"。

三是交互原则。交互是社交媒体时代网络营销最重要的特征，也是网络营销区别于传统营销最基本的点和最具革命性的优势。交互能够加强用户品牌的了解程度、消除用户对品牌的疑问、增加用户的忠诚度，是有效的营销手段。网络营销活动的交互原则一般包括用户与用户之间的交互，以及用户与平台之间的交互。值得一提的是，这里的用户不仅是指产品的用户，而是所有网民，因为在社交媒体中，信息传播范围广，一条信息理论上可以传播到每一位网民。用户与用户之间的交互是指用户在社交媒体平台中参与与营销活动有关的沟通交流等，这种交互能够帮助企业形成口碑传播。企业可以通过设置话题、建立社区等多种方式引导用户之间进行交互。用户与平台之间的交互指的是用户与 O2O 电商企业之间的交互，这种交互能够缩短消费者与产品的距离感，主要有 SCRM（社交媒体客户服务）、社交媒体营销活动等方式。

四是个性化原则。个性化的营销强调在观念上充分关注每位顾客独一无二的个性，并以国际互联网等信息技术为支持，识别每位顾客的个性化需要，并相应做出营销反应。从上面的描述可知，个性化包括两方面的内容，一是识别个性化需求，二是营销反应，对 O2O 电商营销活动来说，个性化体现在目标用户上个性化筛选和个性化的用户体验。在目标用户的个性化筛选方面，电商可以使用数据挖掘技术，对用户购买行为、地域信息、消费特征等数据进行分析，将用户分众化，并针对不同用户制定不同的营销方案。在最终用户体验方面，可以根据用户信息显示个性化的内容，让用户感觉到特别对待。总的来说，不管是个性化筛选还是个性化体验，其目的都是满足用户的个性化需求，提高转化率，让营销有的放矢，如图 4 - 1 所示。

☞精细运营拖动长尾销售

如果说"4I 原则"是电商社会化媒体营销的指导思想，那么精细化运营则是提高营销竞争力的核心。精细化要求电商企业能够像经营销售平台一样对社会化媒体营销进行管理，对页面、粉丝和内容实施精细化、数据化运营，通过长期积累并实施精准的信息推送，最终实现营销转化。

要想通过社会化媒体实施营销并拖动未来的长尾销售，企业需要从以下三个方面入手，如表 4 - 3 所示。

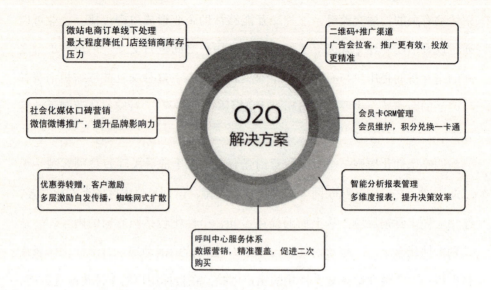

微站电商订单线下处理 最大程度降低门店经销商库存压力

二维码+推广渠道 广告会拉客，推广更有效，投放更精准

社会化媒体口碑营销 微信微博推广，提升品牌影响力

O2O 解决方案

会员卡CRM管理 会员维护，积分兑换一卡通

优惠券转赠，客户激励 多层激励自发传播，蜘蛛网式扩散

智能分析报表管理 多维度报表，提升决策效率

呼叫中心服务体系 数据营销，精准覆盖，促进二次购买

图 4－1　"4I 原则"之个性化原则示意

表 4－3　长尾销售策略

策略	实施要领
加强基础性布局	电商企业首先需要明白"先搭台后唱戏"是实施社会化媒体营销的第一步。所谓"先搭台后唱戏"，指的是企业需要分析目标消费群体的共性，根据分析结果选择有针对性的社会化媒体，在这些媒体上建立账号或者页面，为聚合目标受众提供空间。目前主流的社会化媒体包括微博、微信、SNS 社区。另外，除了选择适合自己企业的媒体以外，电商还需要建立社会化媒体关系举证图，通常都是企业官方账号、高层账号和活动账号三者搭配，既能保证品牌价值的传递，又能实施促销活动的精准推送
注重互动	电商企业需要消费者发生深度的情感和心理互动，互动方式包括内容互动和活动互动，内容互动主要体现在内容话题的转发分享和深度评论上，企业可以做到全部对话或者代表性对话。活动互动主要形式包括有奖参与、投票评选、晒图言论和知识问答等，利用活动的形式不仅可以引起网民关注，也能激活沉睡的粉丝，如罗技电商组织的微博知识竞答就吸引了数千人的参与

策略	实施要领
实现转化	对于电商企业来说，任何营销的最终目的都是将粉丝转化为消费者，相比传统的交易模式，在线交易在用户群体转化上有着天然的优势，因为对于网络购物，他们有比较强的诉求，通过沟通互动，网络用户转化成购买者的概率要大于实体用户。在互动过程中，以"帮助解决困惑"的心态做潜意识的销售引导，但转化成功与否需要建立在信任的基础之上，所以销售转化是在情感建立之后水到渠成的结果

电商实施社会化媒体营销除了需要关注布局、互动和转化三步骤以外，还需要掌握操作过程中的两个关键：第一，如何寻找到属于自己的用户，这是所有营销的基础，没有找准用户群，一切营销皆是"对牛弹琴"。企业可以通过社会化工具关注话题，并且学会善于使用社交媒体的话题搜索功能。第二，学会使用"两级传播"理论，该理论指出信息不是直接流向一般受众，而是经过意见领袖的中介，即从信息传媒到意见领袖再到目标受众，因此企业需要在营销过程中寻找目标群体中的"意见领袖"。

总之，社会化媒体营销的核心在于"人"，电商营销始终不能离开用户，深入用户内心世界，并建立"圈子文化"，以柔克刚突破固有的营销"硬"思想，电商及品牌才能真正决胜新营销战场。

三、快速低成本的全网营销

做全网营销，商家可以建立起"快速低成本"销售商品的网络渠道，快速扩大商品销售量，提高商品周转率，降低商品单位销售成本。

☞分销为首的全网营销

企业从战略层面上将电子商务定位为投资布局,将网上零售市场视为新兴的潜力市场,大范围招收一些运营能力较强的卖家加盟在互联网上进行经营活动。这种营销手段的本质就是传统经营理论里的特许加盟,即特许经营授权商将其成功的品牌、产品和运作模式传授给特许经营体系中的受许者使用,受许者获权经营其产品或服务。特许经营作为一种新的商业运营组织方式,已被公认为有效的经营模式。全网营销并不神秘,它的基本原理与线下分销是相同的,说到底就是为渠道客户提供服务,提供优质的服务内容,如表4-4所示。

表 4-4 全网营销策略

策略	实施要领
专业的网络分销管理系统	企业负责电子商务的人一般都认为如果没有专业的 ERP 管理系统(即企业资源计划),分销工作就很难开展。这里需要强调的是"专业的"系统,一套专业的网络分销管理系统是做网络分销的第一步,也是进入这个行业的一个门槛
专业的网络分销运营团队	中国的电子商务起步较晚,电子商务的专业人才是稀缺资源,而传统企业的网络分销才刚刚起步,从事网络分销的人才更是少之又少。不是说某人淘宝 C 店或者 B 店做得好,他分销就能做得好,因为对运营上的要求有很大的区别。分销运营团队需要非常了解分销客户的需求,想他们所想,急他们所急,寓管理于服务中。分销运营团队的主要工作涉及两个方面:①产品知识支持。提供的商品资料越详细越好,最好是连同生产工艺单都要培训给客服。提供网店装修模板或者广告形象图片物料。②营销支持。提供销售数据上的支持,计划性更替主推产品和促销产品给分销商,提升销量。要定期或不定期计划性地给分销商提供促销方案,也要善于利用集体的智慧,鼓励渠道客户自拟促销方案。商品库存的准确率要高,否则缺货率会居高不下,最理想的是提供每次库存变化的明细,这就需要分销管理系统来实现了

网络分销的开发类似于线下传统业务的招商加盟。客户的管理前提是制

定分销规范标准，也就是扶持政策，如销售额返点的支持。开发客户要根据品牌的定位去制定招商政策，不同的品牌目标客户不一样，不是什么客户都是适合的。

☞病毒性的免费策略营销

实施快速低成本的全网营销，有必要采取免费策略营销。所谓免费策略营销，简单说就是通过提供免费的东西获得用户，然后在其他地方赚回来。因为人本身的相关特性，免费策略营销有强大的生命力。免费策略有以下三大模式，如表4-5所示。

表4-5　免费策略三大模式

模式	实施要领
完全免费营销模式	产品完全免费，即产品在购买、使用和售后服务所有环节上都实行免费，但从其他的服务或第三方为其付费。如新浪网在2005年推出"名人博客"这一新闻形式之后，经过一年多的发展，目前新浪博客的日访问量已经过亿，巨大的访问量为新浪网的广告增收和无线业务增收打下了很好的基础。虽然博客是免费的，但是读者浏览博客的时候就会发生价值交换。因为我们在浏览个人博客内容时，就会为其博客增加浏览量或是链接，这都提高了博主的信誉等级，博主可以用信誉等级来获得他的交际圈，甚至通过广告服务转换为金钱
对产品实行限制免费模式	免费模式有许多种，根据《免费》一书作者克里斯·安德森的观点，限制免费模式可分为4种：①限定时间。如30天免费，之后收费。这种模式的有利之处是容易实现，市场侵蚀的风险小；不利之处是许多潜在客户不愿意试用，因为他们知道30天试用期后就会收费。②限定特征。如基础版免费，高级版收费。这种模式的有利之处是会使产品知名度最大化；不利之处是需要创造两种版本的产品。③限定用户数。如一定数量的用户可以免费使用该产品，但超过这一数目则需要收费。这种模式的有利之处是易于执行、易于理解；不利之处是可能侵蚀低端市场份额。④限定用户类别。如低端的用户可以免费使用该产品，高端的用户则需要付费。这种模式的有利之处是可以根据其付费能力向公司收取相应费用；不利之处是复杂且难以监管的验证程序

续表

模式	实施要领
对产品实行捆绑式免费模式	对产品实行捆绑式免费，即购买某产品或者服务时赠送其他产品。如一些软件会实行捆绑式免费策略，通过成熟软件的销售带动新软件进入市场。捆绑式免费策略并不能为企业带来直接收入，其好处是让企业的产品迅速占领市场份额。中国移动会免费送你一部手机，条件是之后两年内你每个月都要花很多钱打电话；咖啡供应商免费送一台咖啡机，但你要购买他们的咖啡豆；惠普打印机最便宜的一款才300元人民币，但打印墨盒正是这家年营业收入逾千亿美元的IT公司的主要利润……这些使用的都是捆绑式免费模式

所谓"将欲取之，必先予之"，免费是让客户体验价值最棒的方式。作为商家，能够利用给予的最佳手段——免费这个市场中最有力的杠杆，必然可以撬动挡在消费洪流前面的巨石。

☞全网平台成为企业全网营销的新魔方

为帮助广大中小企业应对当前的市场变化，一站式全网营销平台诞生了。全网平台作为企业在新时代全网营销的新工具，就如企业全网营销的新魔方一样，将带领企业在移动互联网时代开拓一片崭新的天地。

全网平台整合了全网的功能和商务营销流程，旨在帮助用户迅速抢占移动信息化先机，提升市场竞争力。全网平台不仅方便企业展示自用、销售推广、排斥对手、抢占先机，更方便企业与客户沟通互动、达成交易。在全国各地，从事制造行业、服务行业甚至奢侈品销售行业的广大中小企业，已经纷纷开始启用全网平台，以实现"布局全网营销，构建更完整、更高效的企业全网精准营销体系"的目的。

目前国内有代表性的网络平台有天猫商城、一号店店中店、QQ商城和京东开放平台。

天猫商城是在淘宝 C2C 平台基础上构建的商城，相当于在集贸市场里开的超大规模购物中心，优势是海量的用户和交易量。天猫具有普通店铺和旺铺都不具有的功能：信用评价无负值，从 0 开始，最高为 5，全面评价交易行为；店铺页面自定义装修，部分页面装修功能领先于普通店铺和旺铺；产品展示功能采用 Flash 技术，全方位展示您的产品；全部采用商城认证，保证交易的信用。

一号店店中店所有入驻商家都是有资质的企业，优势是商家相较淘宝更有保证；劣势是没有淘宝的海量用户和交易量，商家大多是小公司，商品服务能力较弱。作为顾客，无论是否抱着购物的目的，若能走一家就逛遍百家，领略到情调各异的品牌之间的不同，省点脚力又便于比较，何乐而不为呢？店中店把一马平川的商店分出许多层次，在感觉上拓展了商店空间。

QQ 商城是服务 QQ 会员的高端平台，只限一二线品牌商或品牌的网上授权代理进驻，优势是大量 QQ 会员用户和最优质的顶级商家；劣势是品牌少商品少，只依托 QQ 资源针对服务 QQ 会员，对外影响力弱。2013 年 3 月 24 日，腾讯电商旗下业态有些重合的 QQ 网购和 QQ 商城合二为一，新平台统一以 QQ 网购的品牌出现，QQ 商城平台中的优质商户将予以保留。新的 QQ 网购将定位于"精致、有趣"。"精致"表示平台商家不会过度丰富，因此腾讯电商的招商门槛将大幅提高。腾讯电商旗下有类似于淘宝网的拍拍网、类似于京东商城的易迅网及类似于天猫的 QQ 商城，这三者均已纳入 QQ 网购这个"超级平台"。

京东开放平台的招商对象为品牌商和有实力的线上线下零售商，优势是大量的优质实力商家，不伤害品牌，不竞争价格；劣势是与自营采购之间的平衡关系，相对逊色于淘宝的用户数和交易量。京东开放平台为合作伙伴提供公开、透明的平台，为广大的商家提供了除向京东商城供货外更多的合作模式选择，包括可以单独运用京东强大的物流、配送系统等模式。这些合作模式也使京东商城大大地扩充了品类、品牌及商品数量，为用户提供了更多的选择。

四、用微信建设和传播集团品牌

随着智能手机的普及和移动社交的发展，越来越多的企业开始布局微信，期望有效地开展微信营销。在这个过程中，很多集团企业也在摩拳擦掌、跃跃欲试。然而，集团企业到底该如何利用微信建设和传播品牌？可以从四大体系着手考虑。

☞理念体系

集团企业做微信营销或传播，一定要思考：我的微信公共号要传递什么样的品牌理念和核心价值，表达什么样的诉求，凸显何种定位，彰显什么样的社会责任和公众形象。这些都是品牌理念体系的范畴。

例如，如果你关注中粮集团的微信服务号，在它的欢迎信息中会告诉你：中粮的企业定位是全产业链粮油食品企业。"中粮集团是世界五百强企业，是国内领先的农产品、食品领域多元化产品和服务供应商，致力于打造从田间到餐桌的全产业链粮油食品企业，建设全服务链的城市综合体"。中粮的品牌理念是"利用不断再生的自然资源为人类提供营养健康的食品、高品质的生活空间及生活服务，贡献于民众生活的富足和社会的繁荣稳定"。如此的宣言，阐述的即是中粮的品牌主张和倡导的品牌理念。为了凸显社会责任，中粮在公众号自定义菜单"走进中粮"下专门有一个二级菜单是社会责任。点击进入，可以看到中粮在社会责任方面的主张和具体工作。

如果仔细研究中粮的微信和其发布信息的其他平台，我们会发现中粮的传播工作做得井然有序。在官网、百度百科、其他介绍集团信息的渠道可以看到几乎相同的内容，这就体现了整合营销传播的精髓——用同一个声音说话。

从中粮的例证中可以看出，品牌理念要首当其冲，要将明确的定位、理念、主张、责任等传递出去。

☞架构体系

集团企业的微信传播，一定要展现一个清晰的品牌架构。集团企业大多为多元化集团企业，分子公司多，产品或服务品牌多元。如果没有经过系统规划，任由分子公司或品牌各自开展微信品牌建设，不仅难以形成合力，产生相互助推的协同效应，更有可能出现矛盾，混淆公众的认知。所以，建议以集团品牌、业务品牌、产品或服务品牌来构建自己的品牌架构，形成微信群矩阵。这样既能清晰地传递集团企业的整体品牌价值，又能够彰显集团旗下个体独特的品牌理念，做到"一张品牌伞下，多个品牌百花齐放"，达到影响更广泛受众的最终目的。

以中粮的服务号为例。在"走进中粮"的菜单下，有一个品牌产品二级菜单，点击进入，可以看到中茶、长城葡萄酒、悦活、香雪、五谷道场、屯河、蒙牛等众多品牌。每个品牌都可以点击进入，查看详细介绍。这些品牌又有独立的服务号或订阅号，供目标客户进一步了解。这样一来，中粮集团的服务号就起到了一个关键性的统领作用，让公众了解到其品牌家族中的成员企业或者成员品牌。

☞内容体系

有了前面这些理念，下一步就是紧紧围绕定位和价值进行微信号内容的创作和设计。为了让内容更有条理，建议企业在内容传播时要做成系列或者主题。

例如，中粮我买网的订阅号会有"小买力荐"、"小买趣闻"、"小买微活动"、"我买团"等一系列主题内容，这样就会让关注的用户有所期待。这就如同为什么电视剧或者娱乐选秀节目能够持续抓牢观众的眼球，就因为它们是一个系列，让人有预期。所以，好的微信内容运营一定是经过精心策划和构想的，而非漫无目的地发些无关痛痒的内容。

好的微信号应该做到"如果一篇图文不能带来价值，不如不写"。中粮我买网非常善于捆绑时下热点进行内容输出，简而言之就是：紧随热点，即时播报。微信公共号的运作，更像一个用户身边贴身的媒体观察者，要紧紧围绕企业的业务、产品或服务，通过捆绑热点，聚焦眼球，形成有价值的内容，经由内容不断传递品牌理念。如果企业敢于以这种标准作为验收质量输出内容，你的每篇内容都是能够帮助你留住粉丝、倍增粉丝、进一步渗透营销的关键。

☞传播体系

集团企业微信营销的传播体系最为关键的有两点：一个是渠道，另一个是活动。

（1）关于渠道。渠道不能单纯地利用微信一种方式，需要微信和其他传播渠道相互借力，互动互通地进行传播。通过微信传播方式很简单，当微信号有了一些精华内容后，再开始全面铺开传播。此时，微信营销是内容营销，每一篇图文都是你传播的载体，只要写得好，就有人转发，转发就带来传播。所以，企业的每篇图文都要写上这个号的功能、提供的价值是什么，欢迎朋友转发给身边的朋友，让好内容得到分享，这会在微信朋友圈进行扩散传播。通过其他渠道传播就需要企业从不同渠道进行导流。好的微信内容也要经过这些渠道进行二次甚至多次传播，目的就是让自己的微信阵营日渐庞大。

（2）关于活动。一定要形成自己的标签活动，所谓标签活动就是做出影响力，让人提到活动就会联想到你的微信。如蒙牛发起的"谁能问倒小客服——蒙牛微信开放日"活动，凸显一种主张——"你的疑问，我的责任"。这种在特定时间的"拷问式"问答方式，为网友们提供了一个集中释放热情、提出并解决疑问的平台，也进一步产生可供传播的内容。通过这种问答不仅让企业与消费者的沟通更全面、更具社会化，同时也拉近了蒙牛与公众的距离，提高了品牌亲和力。

总之，通过前面这四个体系来运作微信的品牌传播工作，会帮助集团企业把新媒体营销变成一个系统。作为集团企业，只有脚踏实地，扎扎实实做好有价值的内容，才能充分利用好新媒体手段，把自己的内容有效传递到用户的手机中，通过手机屏幕传递价值主张和品牌理念，真正在用户心目中构建阳光、透明和有活力的企业品牌。

五、独特的 O2O2O 推广营销形式

O2O2O 即 Online to Offline to Online，意为通过在线（Online）推广的形式，引导顾客到地面体验店（Offline）进行体验，之后再通过电子商城进行

在线（Online）消费。O2O2O 模式是在 O2O 模式的基础上，进行更为精准的研发和流程再造而形成的独有商业模式。真正的 O2O 就是 O2O2O 的循环。

☞O2O2O 模式的特点与流程

O2O2O 与传统 O2O 的最根本区别在于形成了消费闭环。一般的 O2O 是基于线上揽客，线下消费，多用于社区型或是非特定商品的消费，如订机票、就餐等，这其中不易形成闭环的原因在于这一次消费者选择了你，并不能保证下一次还会继续选择你。O2O2O 模式在最大限度上会圈定顾客不断在同一商家消费，进而形成长尾效应。

O2O2O 模式的流程是：顾客通过商家在网络的推广获得基本信息，并可以进一步检索到自己附近的店面信息；顾客通过到实体店进行直观体验感受，了解商品的原料、质地、使用效果等，获得一般在线购物无法实现的"人性化"体验；顾客在实体店扫描二维码成为商家的注册会员，之后既可以在店面直接消费，也可以返回后通过 PC、手机、移动互联终端等设备，不限区域、不限时间在线选择消费，获得积分；基于产品的独有性，顾客再次选择本类商品时会选择该品牌进行多次消费。

☞O2O2O 模式案例

株洲爱家网自 2013 年 11 月正式上线，一直是专注于装修行业特色的装修交流网站。短短 2 年内，累计服务业主达 5 万人次，组织了几百场团购，遍及株洲所有的建材家居市场，更成为有着 57 年历史的株洲百货大楼唯一的网络合作平台。成为业主中最具人气、口碑最好的家居电商第三方平台。株洲爱家网之所以能避开家居电商发展之路的重重阻碍，最重要的则是其选择了线上线下结合的 O2O 模式，并且率先在家居行业将 O2O 模式发展成为

O2O2O 模式，打造出家居电商发展道路的完美"闭环"。

在株洲爱家网看来，O2O2O 模式有 4 个重点：服务、线上社区黏合、销售以及交易后回到线上。线上可以让业主与业主之间、业主与商家之间得到充分的互动交流，如让业主了解如何装修、如何选择各类装修产品的品牌等。在这一系列过程中，增强线上社区的黏度，抓住并满足业主的线上需求是必要的。此外，需要在这一环节孵化出销售机会，这也是家居行业走电商道路的重要原因。但由于家居行业的特殊性，出现销售机会之后，需要组织业主线下体验及看样，最终发生线下交易行为。从线上到线下交易达成后，仍有回归线上的重要一步。线下成交后，还需回到线上完成大量的工作，如交流安装时间、安装过程、口碑评价等。只有当一系列服务结束，业主给予真实评价之后，才算达成一个完满的"闭环"。

不容忽视的是，在这完美"闭环"达成的道路上，以服务为核心是始终不可更改的。从线上黏住业主，到线下业主体验并交易，以及后期回归线上交流、评价，株洲爱家网都以服务为核心，将业主利益放在第一位，这也是株洲爱家网在家居电商之路飞速发展的重要原因。

国外也有 O2O2O 模式的案例。

荷兰 EFK 家居有限公司采用的即是典型的 O2O2O 模式，设立网上商城，采用在线营销推广的手段，消费者主动或被动接收到 EFK 的品牌和商品信息后，可以直接关联到其网上商城，在线的商城会根据顾客的 IP 地址等筛选信息，向顾客提示离其最近的 E-shop（实体体验店）在哪里，顾客可以选择到实地去体验。

EFK 的 E-shop 整体感觉更像是一个家居环境，该公司免费提供给顾客整体布艺软装方案及其配套的商品，顾客可以在其中亲手触摸窗帘的面料，看到实际的使用效果，也可以坐在沙发上感受一下弹性、舒适度，甚至可以端着咖啡坐在茶几边上，看看杂志上上网，来亲身感受自己的整体使用体验。如果顾客看中某一件商品，可以用智能手机直接扫描该商品标签上的二维码，该产品的产地、规格、工艺、原料、设计师，甚至产品的故事都会直接出现在顾客的手机上。如果顾客需要购买这件商品，可以在 E‑shop 直接下单，也可以回家后登录 EFK 网上商城，在线购买。同时该顾客自动成为 EFK 的会员，每次消费都有相应的积分累计，可以用来换购企业提供的专用礼品。

☞O2O2O 模式前景

O2O2O 目前还处于一个新兴模式阶段，其中的成长空间和盈利空间巨大。众多专业机构和行业人士经过测评和了解，一致评价"在传统商业和电子商务相结合的方面，O2O2O 模式是大趋势"。

业内人士表示，O2O2O 模式打开的将是一个万亿元级别的市场。数据显示，美国线上消费只占 8%，线下消费的比例依旧高达 92%；而中国的这一比例分别为 3% 和 97%。来自中国电子商务研究中心的分析表示，网购消费只占消费者支出的一小部分，餐馆、理发店、干洗店、服装定制、生活娱乐、装修装饰这些与生活息息相关的服务消费才是占最大比重的，而这些服务必须要消费者到实体店去享受。由此可见，将线上客源和实体店消费对接蕴含着巨大商机，生活服务类的网销市场或将比货物网销潜力更大。

第五章 "互联网＋"时代的创新营销

随着"互联网＋"时代的到来，企业的营销环境呈现出了新的特点，传统营销模式已经跟不上时代的发展。为此，企业必须不断结合自身特点进行营销策略的创新。营销创新是推动企业发展的主导力量，企业要制胜"互联网＋"时代，提升企业核心竞争力，需要做到利用 APP 营销实现颠覆性创新，进行品牌营销与商业模式创新，运用思维逻辑做跨界招商，创新处理高库存问题。只有通过营销创新，才能提高企业增长水平，才能在"互联网＋"时代立于不败之地。

一、利用 APP 营销实现颠覆性创新

APP 营销是通过特制手机、社区、SNS 等平台上运行的应用程序来开展营销活动，所传播的信息影响受众者的意识、态度以及行为从而形成营销结果。主流的 APP 版本有苹果系统版本 iOS、安卓 Android、微软 Windows Phone 和塞班系统版本 Symbian。APP 营销独具优势，可以实现颠覆性创新。

☞APP 营销十大特点

APP 营销具有网络媒体的一切特征，能够随时随地接受信息、分享信息。具体来说，它有以下十大特点，如表 5 - 1 所示。

表 5 - 1　APP 营销特点

特点	含义
成本低	APP 营销模式的费用相对于电视、报纸，甚至是网络都要低很多，只要开发一个适合于本品牌的应用就可以了，可能还会有一点的推广费用，但这种营销模式的效果是电视、报纸和网络所不能代替的
持续性	一旦用户下载到手机成为客户端或在 SNS 网站上查看，那么持续性使用成为必然
促进销售	有了 APP 的竞争优势，无疑增加了产品和业务的营销能力
信息全面	移动应用能够全面地展现产品的信息，让用户在没有购买产品之前就已经感受到了产品的魅力，降低了对产品的抵抗情绪，通过对产品信息的了解，刺激用户的购买欲望
提升品牌实力	形成竞争优势，移动应用可以提高企业的品牌形象，让用户了解品牌，进而提升品牌实力。良好的品牌实力是企业的无形资产，能为企业形成竞争优势
随时服务	网上订购，通过移动应用对产品信息的了解，可以及时在移动应用上下单或者是链接移动网站进行下单。顾客交流和反馈，利用手机和网络，易于开展制造商与个别客人之间的交流。客人喜爱与厌恶的样式、格调和品位，也容易被品牌一一掌握，这对产品大小、样式设计、定价、推广方式、服务安排等，均有重要意义
跨时空	营销的最终目的是占有市场份额。互联网具有的超载时间约束和空间限制进行信息交换的特点，使得脱离时空限制达成交易成为可能，企业能有更多的时间和更多的空间进行营销，可每周 7 天、每天 24 小时随时随地提供全球的营销服务
精准营销	通过可量化的、精确的市场定位技术突破传统营销定位只能定性的局限，借助先进的数据库技术、网络通信技术及现代高度分散物流等手段保障和顾客的长期个性化沟通，使营销达到可度量、可调控等精准要求。摆脱了传统广告沟通的高成本束缚，使企业低成本快速增长成为可能，保持了企业和客户的密切互动沟通，从而不断满足客户个性需求，建立稳定的企业忠实顾客群，实现客户链式反应增殖，从而达到企业长期稳定高速发展的需求

特点	含义
互动性强	这种营销效果是电视、报纸和网络所不能代替的。将时下最受年轻人欢迎的手机位置化"签到"与 APP 互动小游戏相结合,融入暑期营销活动。消费者接受"签到玩游戏创意新流行"任务后,通过手机在活动现场和户外广告投放地点签到,就可获得相应的勋章并赢得抽奖机会
用户黏性	APP 本身具有很强的实用价值,用户通过应用程序可以让手机成为一个生活、学习、工作上的好帮手,这是手机的必备功能,每一款手机都或多或少有一些应用。APP 营销的黏性在于一旦用户将应用下载到手机上,应用中的各类任务和趣味性的竞猜就会吸引用户,形成用户黏性

☞APP 营销五大模式

不同的应用类别需要不同的模式,APP 营销有五大模式:广告模式、植入模式、用户模式、移植模式和内容模式,如表 5 - 2 所示。

表 5 - 2　APP 营销模式

模式	含义
广告营销	在众多的功能性应用和游戏应用中,植入广告是最基本的模式。广告主通过植入动态广告栏链接进行广告植入,当用户点击广告栏的时候就会进入指定的界面或链接,可以了解广告主详情或者是参与活动,这种模式操作简单,适用范围广,只要将广告投放到那些热门的、与自己产品受众相关的应用上就能达到良好的传播效果。其流程是:获取受众,采用"铺面" + "打点"的形式,通过内容定向"铺面"和机型定向"打点"来进行受众定位;吸引受众,手机上的"震撼",高冲击动态广告栏,吸引受众眼球,引起受众好奇心理;转化受众,"即点击,即注册",用户点击广告栏,进入 WAP 网站了解详情,注册参与活动

续表

模式	含义
APP 植入营销	这方面的内容包括内容植入、道具植入和背景植入。内容植入的成功案例是"疯狂猜图"。该游戏融入广告品牌营销，把 Nike、IKEA 之类的品牌作为关键词，既达到了广告宣传效果，又不影响用户玩游戏的乐趣，而且因为融入了用户的互动，广告效果更好。所以企业最好是接与自己的应用用户群贴近的广告主，这样的广告既能给用户创造价值，不会引起用户反感，点击率也会比较高，因此能获得较高的收益。道具植入的成功案例是人人网开发的人人餐厅，在这款 APP 游戏中，将伊利舒化奶作为游戏的一个道具植入其中，让消费者在游戏的同时对伊利舒化奶产品产生独特的诉求认知与记忆，提升品牌或产品知名度，在消费者心中树立企业的品牌形象。同时，APP 的受众群体较多，这样的直接道具植入有利于提升企业品牌的偏好度。背景植入的成功案例是抢车位游戏，一眼看去，其最突出的就是 MOTO 手机广告，将 MOTO 的手机广告作为停车位的一个背景图标，给消费者无形中植入了 MOTO 的品牌形象。游戏中还提到"用 MOTO 手机车位背景，每天可得 100 金钱"，这样的奖励广告，驱使游戏玩家使用该背景，这些奖励当然是真的，但这确实是企业的广告
用户营销	用户模式的主要应用类型是网站移植类和品牌应用类，企业把符合自己定位的应用发布到应用商店内，供智能手机用户下载，用户利用这种应用可以很直观地了解企业的信息，用户是应用的使用者，手机应用成为用户的一种工具，能够为用户的生活提供便利性。这种营销模式具有很强的实验价值，让用户了解产品，增强产品信心，提升品牌美誉度。如《孕妇画册》应用可提供孕妇必要的保健知识，客户在获取知识的同时，不断强化对品牌的印象，商家也可以通过该 APP 发布信息给精准的潜在客户。相比植入广告模式，用户营销具有软性广告效应，客户在满足自己需要的同时，获取品牌信息和商品资讯。如《潮州玩家》，在给目标客户提供有用的资讯的同时，渗透自身的商品信息，并且提供订购。从费用的角度来说，植入广告模式采用按次收费的模式，而用户参与模式则主要由客户自己投资制作 APP 来实现，相比之下，首次投资较大，但无后续费用，而营销效果取决于 APP 内容的策划，而非投资额的大小
移植营销	商家开发自己产品的 APP，然后将其投放到各大应用商店以及网站上，供用户免费下载使用。该模式基本上是基于互联网上的购物网站，将购物网站移植到手机上去，用户可以随时随地浏览网站来获取所需商品信息、促销信息，进行下单。这种模式相对于手机购物网站的优势是快速便捷、内容丰富，而且这类应用一般具有很多优惠措施
内容营销	通过优质的内容，吸引到精准的客户和潜在客户，从而实现营销的目的。如"汇搭"通过为消费者提供实实在在的搭配技巧，吸引有服饰搭配需求的用户，并向其推荐合适的商品，这不失为一种商家、消费者双赢的营销模式

☞APP 创意七大方法

APP 营销已成为了移动营销的主要部分，那么，如何让企业的 APP 富有创意？以下结合案例展示七大方法，企业可以学习借鉴，如表 5-3 所示。

表 5-3　APP 营销创意方法

方法	实施要点
狠抓实用性，多关注用户的生活细节	从用户的吃、住、行、玩、用等日常生活细节着手，从而发现还没有被满足的需求，然后结合产品看能否植入进去。例如，星巴克 APP 针对起床困难户推出了一款 Early Bird（早起鸟），当你下载这个 APP 以后，可以设定时间提醒你起床。用户在设定的起床时间闹铃响起后，只需按提示点击起床按钮，就可得到 1 颗星，如果能在一小时内走进任一星巴克店，验证这个 APP，即可打折买到一杯咖啡。当然这个 APP 还可以设置不起床的后果声音，如 "再不起床，迟到了罚款 100 元"，只需要输入公司相关规定即可
将产品体验做成互动游戏	很多产品都可以将体验形式开发成小游戏，如服装可以试衣服尺寸和搭配颜色，啤酒瓶可以作为暴力游戏的道具，饮料可以自己酿造……例如，宜家手机 APP 的用户可以自定义家居布局，可以创建并分享自己中意的布局，同时可参与投票选出自己喜欢的布局，宜家还会对这些优秀创作者进行奖励，利用个性化定制营销来达成传播效果。对线下实体店来说，APP 往往不是最好的销售工具，但是能弥补线下体验的短板，通过 APP 能打通会员营销、体验与服务体系。这也就是为什么说移动互联网是企业打造线上线下完美结合的桥梁
个性化的产品或服务定制	将产品或服务通过 APP 实现个性化定制，适合容易标准化生产的产品。如服装类 APP，它的颜色、款式、尺寸等都可以选择，当然每个选项可提供多个选择，而不是随心所欲地填写。例如，21cake 推出的一款 APP 能帮客户随时随地订购蛋糕，并根据需要送到指定的地方。客户不仅可以根据口味选择蛋糕，还可以根据适用对象来选。即使在客户完全没有主意时，也可以通过 "摇一摇" 来选一款 "缘分蛋糕"
逆向思维，用户如果不用该产品会产生什么后果	适合避孕套、智力产品、药品、安全产品等容易导致严重后果的产品，将此后果放大，正是传统营销所谓的恐吓式。如不安全用药，会导致什么情况，将此情况用游戏的形式演绎出来，让用户产生必须要用的心理反应。例如，杜蕾斯推出了一款 APP，可以模拟养小孩，就像真小孩一样整天烦你，要喂奶、要逗他玩，还得哄睡觉，哭了要抱，还会更新你的 Facebook 状态 "我当爹啦"……各种婴儿相关活动的邀请也会随之而来，让用户产生厌烦的感觉，而每次当你关闭此程序时都会显示 "用杜蕾斯" 的提醒

续表

方法	实施要点
将服务平台用 APP 呈现并创新	适合资讯类、服务类的平台，当然它们本身就具有人气，但适时推出和创新也是必须的。例如，易居中国推出的"口袋乐居"，凭借"让不动产动起来"的出色表现在上线后的短短几个月，先后打破房屋精准估价、移动支付等先河，帮助房企实现营销目标的同时，又为网友提供了一款实用类型的移动应用，一度占领各大房产类应用下载排名的前列。"口袋乐居"前身是已超百万级下载量的"口袋房产"，延续以用户体验为设计之本，综合用户各方需求，集信息平台、工具平台、数据平台和交易平台等多项功能于一体，切实贴近消费者生活，提供全方位的服务。此款产品的推出，开拓了房地产互联网产品除"房源型"、"资讯型"、"交易型"后的第四大导向——"房价型"产品
线上线下联动	通过 APP 的二维码扫描可以与线下的活动、广告、促销等形成联动，往往是线下活动、展示，线上抽奖、派送等，可以解决线下活跃度不足的问题。例如，可口可乐推出的 CHOK，在指定的"可口可乐"沙滩电视广告播出时开启手机 APP，当广告画面中出现"可口可乐"瓶盖，且手机出现震动的同时，挥动手机去抓取电视画面中的瓶盖，每次最多可捕捉到 3 个，广告结束时，APP 揭晓奖品结果，奖品都是重量级的，如汽车，吸引力很大
充分利用客户的等待时间	银行排队等候、机场候机等待、无聊的长途汽车上、吃饭时等号……往往客户等待的时候是最无聊的时候。如果能让这个无聊的时刻不无聊，可能会给品牌加分。例如，法国航空曾推出了一款空中音乐 APP，安装此 APP 后，在法航的航班上想听音乐，只要你用手机对着天空，搜寻空中随机散布的歌曲，捕捉到后可直接试听，不同国家空中散布的歌曲也不同。APP 中还有互动游戏可以赢取优惠机票，让乘客乘飞机时不再无聊，让音乐融入空中生活，创造独特的试听体验，形成了良好的口碑传播

　　总之，APP 营销具有明显的优势，也有很多方式，但是要让它富有创意，就需要企业结合实际情况，用心去发现和挖掘，一款好的企业 APP 一定会将注意力聚焦到客户身上，所以企业要关注自己客户的日常生活及所思所想，然后再结合产品或品牌把好的创意点融合起来。

二、品牌营销与商业模式创新

2015 年代表着"互联网＋"时代的到来，"互联网＋"代表一种新的经济形态，它充分发挥互联网在生产要素配置中的优化和集成作用。通过"互联网＋"，将创新成果深度融合于经济社会各领域之中，提升实体经济的创新力。"互联网＋"中的"＋"，不仅是技术上的"＋"，更重要的是思维、理念、模式上的"＋"，其中创新推动管理与服务模式变革是重要内容，是企业真正的核心竞争力。在"互联网＋"下做品牌营销就是学会在大数据时代对顾客偏好和选择进行全面监控和预测。

成功的品牌营销就是发现顾客需求，为满足需求创造独特的价值，并用独特价值抢占市场份额。这里以 ZARA 和耐克的营销为例，深入分析其成功的原因，以助于我们学习借鉴。

☞ZARA 的品牌营销策略

ZARA（飒拉，西班牙 Inditex 集团旗下的一个子公司）在西班牙排名第一，是世界四大时装连锁机构之一。ZARA 设计团队为服装业界所称道，他们对时尚潮流的把控能力、复制能力都是一流的。ZARA 的经营理念是"只有消费者最爱才是我们的设计，只提供消费者想要的"。从最开始在时髦的路人身上找灵感，到去四大时装周上赤裸裸地抄袭，ZARA 一直全力关注着消费者爱买什么、爱穿什么，而这正是 ZARA 知道"互联网＋"中"＋"的是什么，即加的是消费者需求，如表 5－4 所示。

表 5 – 4 ZARA 的品牌营销策略

策略	实施内容
设计消费者想要的	ZARA 在它的新货构成中，65% 计划生产，35% 机动调整。这 35% 之前是靠遍布全欧洲的买手来提供创意、设计，而现在这一切则依靠互联网来实现。在社交媒体 Instagram、Facebook 上"潜伏"着很多 ZARA 的买手，每个人都关注了数量众多的时尚人士。ZARA 并不介意从一个普通的用户身上寻找灵感，也不介意试错。时尚圈 2013 年的极简风、2014 年的运动风，ZARA 都能在第一时间捕捉到流行风潮并推出产品，真正做到了"我们的设计一定是消费者想要的"的经营理念
以顾户为中心	除了设计外，非常关键的一点是：ZARA 全部自营店的管理方针，可以做到从设计、数据采集到铺货完全以客户为导向，百分百做到"以顾户为中心"。这种将前后端紧密相连（O2O）、通过销售数据随时调整生产运营的手法，也正是今天"互联网＋"下企业优质鲜活的重要模式，即"互联网＋"下做营销需求与顾客互动。可以说，ZARA 本身就像一款互联网产品，能不断地快速迭代，随时增删或优化自身的功能特性。相比之下，国内很多服装品牌营销在考虑用户方面就显得诚意不足。外部复合式渠道管控难度大，服务水平质量无法统一，内部在服装设计上也要"一刀切"，越来越无法满足消费者的个性化需求，企业发展受阻只是时间问题
把顾客体验做到每一个细节中	今天的企业经理人虽然必把"顾客体验"是企业发展的第一位挂在嘴边，但并不了解其真正的意义。ZARA 是真正做到了把顾客体验做到每个细节中去，而且它所强调的顾客体验虽不是最贴心的，但绝对是最符合消费者期待的。只求抓住核心用户，刺中用户痛点，一款成功的产品只解决用户的一个需求。随着互联网和移动互联网的发展，ZARA 有了许多新的办法来实现这一点，不仅包括服装本身，通过社交媒体与品牌沟通，还包括整个线上线下的购物体验。除了本身打造具有设计感的服装外，ZARA 的门店陈列也与其他快时尚品牌明显不同。大空间少货架，较稀少的商品陈列，少量多款的陈列特点……不难看出，这和高级时装店的陈列非常相似。ZARA 的目的也正是如此——让顾客有如置身高级时装店的购物感觉。同样，其官网也打造成简约风格的现代型网站。不看定价，你很难一眼发现 ZARA 和其他高端品牌有什么明显的区别
先进的理念	不同于传统服装品牌的设计师制度，ZARA 不需要知名的设计师，他们需要的是买手、裁缝。只需要把时下最流行的风尚从 T 台、网络搬回到工厂就可以。目前做服装的好手很多，而懂时尚的却很少，就是做时尚生意的，也很难走出国门，这与审美能力不无关系。ZARA 的老板也并非什么时尚中人，只是理念先于他人，懂得复制的艺术，而这种几乎是不计成本的"淘金"模式，与互联网信息的过滤机制非常相似

策略	实施内容
"时尚与高端"的产品形象	在"互联网＋"时代做企业，打造好产品当然是第一位的，但好的营销策略也绝对非常重要。业界常拿 ZARA 不爱做广告说事，但实际上真正了解 ZARA 就知道，它只是没有用一般的手段做广告而已。ZARA 的所有门店无不开在城中最高端繁华的商业场所，也从不吝啬店面装潢的精美考究，同时，ZARA 塑造高端形象的另一重要部分是每年的宣传模特。这些模特常常是全球顶级超模，而宣传照也都质感上乘，无不传达着一种"时尚与高端"的形象。尽管成衣质量一直被吐槽，但谁都不能否认，穿 ZARA 就是和穿大牌有同样的视觉效果
运用"迭代思维"	今天说 ZARA 是一家互联网化的企业，其中一个重要的依据就是，它的新品推出和库存控制就充分运用了迭代的思想。这也是"顾客至上"的互联网思维，ZARA 确实做到了对市场的快速反应。ZARA 在经营思想上灵活，不以条条框框束缚品牌，不顾一切地以向前发展为动因，在试错中成长。从 ZARA 的领导层来看，高学历人员比例较其他国际公司少，既可以说是缺乏高级的管理体系，又可以解读为摆脱了由经验带来的约束。这也使得其他人很难预料到 ZARA 下一步会怎样发展，又会做出什么样不符合常理的决策。这种打破常规的灵活性，在"互联网＋"时代做营销尤为重要

ZARA 的实践告诉我们，在互联网时代，商业机会几乎都是平等的、透明的、开放的。有些企业能顺势崛起，而很多巨大的商业帝国衰落有众多的原因，重要的是思维定式以及对环境的长期麻木，对互联网带来的消费理念、生活方式以及竞争格局毫无知觉，这也正是为什么在"互联网＋"时代我们要研究、模仿 ZARA 的原因，因为世界上还没有出现第二个 ZARA。

☞耐克的营销设计

十几年来，耐克在美国运动鞋行业中一直处于领先地位。对于耐克而言，营销和新颖的设计是其战略控制手段，如表 5-5 所示。

表 5 - 5　耐克营销设计手段

手段	内容
巨大的设计投入	耐克公司成立 10 年左右，就组建了实力强、专业精湛的设计师团队，拥有了 100 多人的设计研究人员，从事专门的产品设计和技术研发。截至 2005 年，耐克雇用的研发人员已经突破 3000 人。不仅如此，在拥有由各种不同领域的专家组成的设计开发团队之外，耐克公司还设立了顾客委员会和研究委员会，其中有教练员、运动员、设备经营人、足病医生和整形大夫，他们和耐克的设计师团队一起共同改进和完善产品设计方案
在外观和功能上都有最高的追求	耐克在推出任何产品的时候，都以流行的外观和专业的功能作为亮点。在外观上，耐克始终追随时尚潮流，把握时尚脉搏。在色彩的运用上大胆前卫，极富视觉冲击力。在功能上，以大量先进的创新科技作为支撑。耐克在科技创新的追求以及成果上恐怕是任何其他体育品牌难以企及的。作为专业的运动品牌，耐克在科技创新方面不遗余力地投入，目的是帮助运动员提高运动成绩或运动水平。以乔丹 11 代篮球鞋为例，在设计的时候，设计师利用高速摄像技术，逐帧放映乔丹在篮球场上的每一个动作，根据他脚步的细微变化来设计或反复调整产品。耐克在专业运动装备上的设计都是根据运动员在比赛中的种种特殊情况来设计的，无论是篮球、足球还是羽毛球、网球等。在科技创新上，耐克取得了很多重要的成果，拥有了很多专利技术。耐克的专利技术包括但不仅限于 air max 缓震技术、air sole 技术、zoo mair 技术、shox 减震科技、laser 激光蚀刻技术等
在设计上追求创意灵感	在成立公司不久，耐克就把"体育、洒脱、自由的运动精神"作为企业核心文化，并在实践中严格执行。去过耐克企业的人都知道，耐克就像个世外桃源，有湖泊河流，有森林植被，有小桥流水人家，也有超级运动场，耐克一直主张工作就应该像在家一样自由。在耐克的产品提案会上，设计师人员可以就某些问题展开激烈甚至是针锋相对的争论，就是为了有更好的创意和灵感
在材料方面耐克挑战自我	耐克主张运动环保材料，发展绿色工业。耐克希望通过不断地在制鞋材料上突破创新，逐渐摒弃那些传统橡胶、胶黏剂、塑料以及其他有毒材料，以让制鞋业成为可持续发展的绿色工业。如耐克在制造篮球鞋时，设计人员用一种天然材料制造鞋后跟，以取代杯形塑料鞋后跟
在产品设计上始终以市场为导向	以全球市场作为目标市场的耐克，针对不同的国家、不同的消费人群甚至是不同的民俗，有针对性地推出适合的产品。如在拉丁美洲，许多人是在沙滩上或岩石路上而不是在草地球场上享受足球的快乐，于是耐克就为他们专门设计了更加耐磨的产品。由于对女性市场的重视，耐克推出了专门的女性运动专用鞋。如针对非洲肯尼亚赤足运动员的特点，耐克公司还开发出"nike free"运动鞋

手段	内容
设计上引领消费潮流	因为在产品设计上耐克已经走在了世界的前列,面临着是停下来还是继续的选择。耐克果断选择通过创新的设计来引领消费潮流,不仅满足需求,而且创造需求。耐克一直持续不断地深度了解消费者的需求、生活形态及内心深处的渴望,将不明确的消费者需求发掘出来,走在消费趋势前端,以消除自身产品创新的疲劳,保持强劲的创新活力

正是通过精心设计,耐克成为了占据全世界市场份额最多的体育运动品牌,它通过与世界上最顶尖的运动员合作创造出巨大的影响力,同时它也拉近了体育运动与大众消费者之间的距离,创造出时尚与运动融合的生活理念。

三、打破招商困局,实现跨界招商

招商是企业进行市场营销工作开展的前提。如果企业的决策层和执行层不能就跨界招商的思路和模式达成共识,那么跨界招商就很难成为企业的营销战略而得到贯彻实施。因此,要敢于突破思维局限,并且要形成企业内部的认识统一,并敢于尝试。这一点非常重要。

☞跨界招商,需要先打破招商困局

市场上优质的经销商资源总是有限的,所以同行业的大量生产企业一旦涌到一个市场去招商的时候,就会发现这些优质的经销商资源早已被瓜分完毕,一些强势品牌和企业往往可以携强大的品牌力和具备竞争优势的产品去抢夺到一些优质经销商资源,但是对于大量的生产企业来讲,却难以觅到理想的经销商资源，从而导致很多企业的营销工作陷入困局。同时，很多企业尽管通过不断地降低门槛和条件招到了一些经销商，但是这些经销商却同时经营着诸多同类产品，经销商也不投入主要资源和精力，使企业陷入更加被动的境地。

为了实现企业招商的突破，应该首先把重点的招商对象放在从事同类产品经营的经销商身上，这符合企业的经营需要，以便为企业招商完毕后其后期销售工作消除许多障碍，也便于企业产品的快速铺货和提升销量。对企业来讲，如果招来的经销商是从事同类产品经营的，在行业中是没有人反对的。

除了经营同类产品的经销商外，经营其他类型产品的经销商也应该考虑，而这更能体现出"跨界"意义。事实上，近几年来，通过跨界招商成功的企业和案例也非常多，如白酒企业把邮政系统、石油化工系统的加油站作为招商对象，很多饮料食品企业也把石油化工系统加油站作为经销商来对待，都取得了不俗的业绩。

☞跨界招商有规律可循

尽管跨界招商有着诸多成功的案例，但是并不是所有的跨界都是可行的，这里面需要遵循一定的规律，如表5-6所示。

表5-6　跨界招商规律

规律	内容
突破思维局限	要敢于突破思维局限，并且要形成企业内部的认识统一，并敢于尝试。这一点非常重要，如果企业的决策层和执行层不能就跨界招商的思路和模式达成共识，那么跨界招商就很难成为企业的营销战略得到贯彻实施。如果企业跨界招商思路得不到原有团队的支持和执行，企业就有必要补充新的团队来运作跨界招商

续表

规律	内容
运用思维逻辑来确定招商对象	企业在确定招商对象之前，可以按照这样的思维逻辑来确定招商对象：第一，确定产品的目标消费群；第二，确定哪些渠道能够保证产品以最快速度和最低成本到达目标消费群；第三，谁具备这些渠道。有了这个思维逻辑后，就可以来确定自己企业产品的招商对象了，只要满足这个条件，是不是本行业的经销商就不重要了
考量竞争强度	进行跨界招商时，还要考量的要素是竞争的强度，如果要跨界的行业经销商已经有本行业的蜂拥进入，就要思考是否还有其他行业的经销商有机会
考量匹配度	跨界招商合作时，要思考本公司的产品和要跨界行业经销商的渠道匹配度，最好重合度高，这样跨界招商的成功概率就大。另外就是资源的匹配度，告知对方这种合作模式可以让对方的资源最大化发挥，并创造更高的价值，如果资源的匹配度不高，那么合作成功的概率就会小
考量互补性	要思考与跨界经销商现在经营行业产品的互补性，如淡旺季互补，跨界经销商现在经营的产品在淡季时，我们的产品正好是旺季，反之亦然

四、高库存问题创新处理方法

对节后的高库存进行"清理"，常常是节后大卖场的一项重要工作。从某种意义上讲，节前供应商是想尽一切办法让大卖场多下订单；而节后要做的则是妥善地帮助卖场解决这批库存。否则，若一味地等待卖场方面来"处理"库存，很可能让节后的销售陷入被动的境地。

库存积压商品不仅积压了大量的资金，而且节后也会出现滞销的现象。那么，如何避免节后商品高库存积压，这类商品又该如何处理呢？先让我们来看一个案例：

某超市徐老板是个有着近十年销售经验的老零售商。在 2014 年马年春节来临之前，借助白酒订货会的东风，徐老板一下签订了近 200 万元的白酒采购订单。这款白酒是当地特产，在市内、省内都比较有名气，属于中高端的销售品牌。以往这款白酒主要的消费群体为机关工作人员，他们以前都是几箱几箱地往家里搬，但是，因为"三公消费"的限制，加之政府职能机构大幅度地减少年货发放，2014 年这种现象却不见了。消费这款白酒的群体几乎都是些礼尚往来、请客送礼的人，一个春节下来，这款白酒的销售量只有以往的 20%，这让徐老板发愁不已。

滞销带来高库存，不仅给该款白酒品牌造成了极大的影响，还影响了超市其他商品的正常销售。原本指望春节销售能给超市带来"开门红"的好局面，可没想到实际销售与徐老板之前的设想产生了极大的落差。面对这么多的库存，加之节后许多商品库存告罄，徐老板也急于想回笼资金进行其他商品的备货，一时之间他一筹莫展。

事实上，对于大多数零售客户来讲，为了确保春节旺季期间的正常销售，不管是大卖场还是小卖部，都会加大春节期间的商品备货量。毕竟，谁都不希望在春节期间出现"断货"的现象。因此，对节后的高库存进行"清理"，常常是许多零售客户面对的一项重要工作。从某种意义上讲，节前备货、节后清理是零售业面临的共同问题，这个问题既现实，又回避不了。

那么，如何面对这个恼人的问题呢？具体来说，供应商应从以下几方面入手：节前的订单控制、销售监督与及时推动、积极面对库存问题、进行"退货"准备。

☞节前的订单控制

应对春节后的高库存风险，作为我们零售客户来讲，要做足"前戏"，也就是在节前储配货源时，就要注意把控，把节后的高库存消灭在萌芽状态。通常来讲，零售客户对某一款商品在春节期间能有多少的销售量，按照以往的惯例，都会有一个大概的估计值，只要市场平衡，没有刚性的外力作用，这种波动都不会太大。

但是，有时我们会被一些假象所麻痹，从而造成估算失误。一方面是商家铺天盖地的宣传，让你对这件商品产生好感，从而产生错觉，大量储备这种商品；另一方面是没有很好地对商品的市场进行评估。开店搞经营，不仅要看市场流行走向，还要看政策环境，如上述案例中徐老板因为2014年限制"三公消费"而高端商品销售低迷的情况，因此，经营商品，也要找准政策风向标。

当然，节前要备的货很多，也不可能每一笔订单都能够客观地评估、准确地把握，但最好要把握一个尺度。上述案例中之所以白酒库存积压，也是徐老板对市场估计过于乐观造成的。进行库存储备时，不能"把鸡蛋放在一个篮子里"，这样很容易带来后患，造成节后不良库存的积压。

正确的库存储备办法要遵循"235原则"。也就是新品占20%，常销货品占30%，畅销商品占50%。这样，就能很好地解决结构问题、品系问题，以免造成不良库存的积压。把鸡蛋放在一个篮子里，这和市场赌博没有什么两样。

开店经营，要做个有头脑的生意人，不能盲目，尤其对库存要做到心里有数，要及时关注库存情况，以便制定相应的营销策略。特别是在春节销售期间，由于不确定因素很多，有些商品销售，并不会像原先估算的那样走俏，一旦发现风头不对，要及时想办法销售出去。但是，要注意好，不要打价格战，这样，不仅伤了品牌，而且会降低品牌的附加值。有许多零售客户在春节前会利用订货会、供货会等大型活动进行"囤货"，因为这时订货的价格较低，一旦市场出现不利于该产品销售的现象，那么，价格战也在所难免。这种办法其实是一种低层次的"搏杀"，而我们许多经营者在节后基本都停留在这个层面上，节前"洛阳纸贵"，节后"一地鸡毛"。所以说，节前控制进货量，才能为节后的低库存创造良好的条件。

☞销售监督与及时推动

对于供应商来说，永远要有一个清晰的认识：送出去的货是放出去的"债"，只有销售出去才是钱。因此，供应商应对春节期间的卖场销售及时跟进，并及时针对这期间出现的问题采取相应对策。

事实上，进、销、存是个系统的概念，库存不会孤立地存在，如果把销售做好了，10万不是高库存，如果销售做不好，1000也是高库存。所以，解决库存的根本就是做好销售，年节期间是销售的黄金期间，每天都很珍贵，务必重视每天的销售，这也是为节后的库存处理打个好基础。

☞积极面对库存问题

如果节后还是出现了高库存，针对节后的卖场库存积压，供应商应主动拿出针对这批库存的处理意见。任何时候，自己处于主动状态往往比被动接受更为有效，因为这批高库存对于自己来说便意味着高风险。自己如果提前针对这批"库存"拿出了具体解决方案，一方面，会打消卖场对该部分库存的顾虑，避免卖场单方面做出退货或者其他负面的决定；另一方面，也能够在卖场采购面前留下一个好印象。毕竟，高库存是事实，并不会因为你的忽略而消失。一味回避，会让自己后期的经营面临更高的风险。

高库存并不是没办法解决的，也并非一定要通过退货才能解决，还是有一些积极的解决方案的。例如，促销处理（与采购协商增加一档海报）、清仓处理（集中大库存在连锁的中心门店销售，可以增加临时促销员、赠品或者折扣）、门店之间的调货等。

☞进行"退货"准备

现在生意难做，即使是春节，也要做好库存积压的准备。那么，我们可以把这个问题或者是"包袱"，留给供货商。这就要求我们零售客户在库存储备时做个有心人，也就是要留一手，和供货商签订退货协议，以便于高库存积压时能有个退路。但许多同行都被春节这个红火的市场迷惑，忘记了退货这一点，结果后悔莫及。

做好退货处理，零售客户要做好两种准备：一是和供货商鉴定退货协议，这个要有书面性的东西；二是要扣压一定的抵押款或者是年后结账，这种办法也是最牢靠的办法。

现在许多供货商都有退货这种"潜规则"，但由于春节销售量大，供货商也处于相对的强势地位，在零售商有退货这种需求时，供货商不一定能认同，这就需要我们做好攻关工作，一般只要是长期合作的客户，供货商都能满足零售商的需求。但是，对于一些不能做退货处理的商品，零售商在进货时，就要做好心理准备，合理地进行库存结构的储备，以防出现高库存积压的现象。

总之，节后不良库存，是零售经营不容易绕过去的"坎儿"，但也不是不能回避的现象。高库存积压，许多时候是零售客户没有认真地考察市场，粗心大意造成的结果。市场上没有"一口能吃出胖子"的现象，要想把春节的市场做大，并且做到库存无忧，还要我们做个有心人、细心人，把握市场，才能轻松卖货、愉快赚钱。

第六章 "互联网+"时代的专业营销

专业营销是指具有专业知识和专业理论水平的专业人士，通过知识营销、智慧营销、方案营销，实现企业价值观念、服务意识、文化理念的推销，从而让客户认识、接受乃至享受企业的业务。"互联网+"时代的专业营销，需要营销人员掌握色彩营销的要点与步骤，确保新产品成功推广，助销你的客户，探索门店经营新模式，进行超越"顾问式销售"的营销，并致力于把自己打造成一个专业的营销人。

一、色彩营销的要点与步骤

色彩营销，就是要在了解和分析消费者心理的基础上，做消费者所想，给商品恰当定位，然后给产品本身、产品包装、人员服饰、环境设置、店面装饰、购物袋等配以恰当的色彩，使商品高情感化，成为与消费者沟通的桥梁，实现"人心—色彩—商品"的统一，将商品的思想传达给消费者，提高营销的效率，并减小营销成本。

美国营销界总结出"7秒定律",即消费者会在7秒内决定是否有购买商品的意愿。商品留给消费者的第一眼印象可能引发消费者对商品的兴趣,希望在功能、质量等其他方面对商品有进一步的了解。如果企业对商品的视觉设计敷衍了事,失去的不仅是一份关注,更将失去一次商机。在这短短7秒内,色彩的决定因素为67%,这就是20世纪80年代出现的"色彩营销"。

"色彩理论"为世界上每一个人、每一个企业,甚至成功的品牌,带来了全方位的超强效果。很多商家抓住商机,运用色彩理论进行产品营销,成功者数不胜数。国外从20世纪80年代就开始实施"色彩营销战略"了,现已广泛采用。如美国苹果电脑的彩色机壳、诺基亚手机"色彩旋风"的卖点、鳄鱼T恤的绿色标志、柯达胶卷的金黄色包装已经成为一个品牌的象征,令人过目不忘。近年来,中国的企业也越来越重视色彩在产品营销中的作用。

☞色彩营销应用的要点

色彩营销在应用过程中,要着重抓住以下两点,如表6-1所示。

表6-1　色彩营销要点

要点	内容
对顾客心理的影响作用	运用色彩对顾客心理的影响作用,不同色彩会使顾客产生不同的心理状态和感觉。例如,红色会给人兴奋、快乐的感受,产生温暖、热烈、欣欣向荣和喜庆的联想;蓝色给人宁静、清洁、理智的感觉,产生对万里晴空、碧波海洋的联想;黄色可给顾客一种庄重、高贵、明亮的心理感受;绿色是大自然中普遍存在的色彩,被认为是春天的代表,能使人联想到广阔的田园和牧场;红橙色使人联想到成熟的瓜果而产生甜的感受;紫色给人的感觉是高贵、娇艳与幽雅;白色能够使人联想到诚实、清洁、神圣、品质优良。企业可根据自己生产经营商品的特点,选择不同的色彩以达到促销的目的

要点	内容
对顾客购买行为的影响作用	运用色彩对顾客购买行为的影响作用。根据色彩理论研究和对顾客购买行为进行分析，色彩对顾客购买情绪和行为的影响方式有四种：①色彩追求。当市场出现流行色时，顾客会对流行色进行追踪寻求，产生一种随潮购买行为。②色彩兴趣。如顾客对某种色彩产生好奇和兴趣，能激发其购买热情和欲望，会欣然购买。③色彩惊讶。当顾客突然发现某商品具有自己喜爱的而平时少见的色彩时，会迅速调整购买行为，果断而兴奋地购买。④色彩愤怒。当顾客认为某种商品是不祥、忌讳的色彩时，会产生一种潜伏的不安全因素，厌恶而不屑一顾，甚至反感。企业在运用色彩促销中要尽量利用前三种的影响作用，防止出现第四种情况

☞色彩营销的步骤

色彩营销一般依次遵循以下步骤，如表6－2所示。

表6－2　色彩营销实施步骤

步骤	实施
调查消费市场	生产市场上需要的产品，才可以使企业有利可图，所以第一步，当然是了解消费者需要什么样的商品。要恰当运用色彩，就要了解对于特定的产品，消费者需要产品本身或者产品提供者营造的色彩传达给他们什么样的信息、情感才符合他们的购买期望。例如，如果企业生产的是一种高科技产品，那消费者青睐的肯定是蓝、绿等冷色以及明度低、对比度差的色彩，因为它们虽不能在一瞬间强烈地冲击视觉，但却给人以冷静、稳定的感觉，使人感觉到它的科学性、可靠性。如果企业采用的是红、橙、黄等暖色调以及对比强烈的色彩，虽然对人的视觉冲击力强，给人以兴奋感，能够把人的注意力吸引到商品上来，但却无法给予消费者这种商品应该给予的信任度
设定商品形象	明确商品的消费对象和公司产品的战略位置，同时顾及时代潮流、客户的嗜好等信息，设定商品形象。在MP3播放器市场色彩混杂、令人眼花缭乱之际，苹果公司的iPod播放器横空出世，其简洁纯净的外观立即吸引了消费者的眼球。白色意味着极度简约，而iPod就胜在简约，因此成为了一代经典

续表

步骤	实施
色彩形象概念	概括上述基本形象概念，同时考虑色彩的组合问题、包装的色彩、商品本身的造型、材料和图案等，选定具体的颜色。同一个企业会推出不同的产品，出现不同的造型、图案等，但某一具体颜色会成为所有商品的基色，代表了企业的形象，如绿色的"鳄鱼"、红黄色的"麦当劳"、金黄色的"柯达"等
展开销售计划	销售计划的实施要能给顾客留下深刻的印象，其成功运作要借助于商品本身、包装、宣传资料、说明书、商品陈列等色彩形象策略。2005 年，港中旅投入巨资打造了在线旅游电子商务平台——芒果网。芒果网大胆采用鲜明的橙黄色和嫩绿色，并以芒果为主要形象，组合成明快易记的形象特征，配以广泛的媒介传播和公关活动，在影院、商场等场所进行会员招募等宣传。这个新进市场的在线旅游电子商务品牌，一举改变了此前携程和 E 龙网缺乏明显色彩营销的模式，给消费者留下了深刻印象，从而迅速在旅游电子商务市场上崛起
建立信息管理系统	收集资料，掌握"什么东西最好卖"和"为什么好卖"两个要点，验证色彩营销策略，同时建立商务信息资料系统，利用色彩营销积累的资料，更有效地为色彩营销策略提供帮助。通过长年对中国消费者的调研，LG 电子已总结出许多实用性经验。在手机这种接近于装饰品的产品领域，中国消费者已可以接受丰富的色彩和图案。色彩因素是"巧克力"手机最重要的市场竞争力，其红黑色彩的搭配产生了巨大的视觉冲击力。这种强大的"色彩差异"让消费者在第一眼看到它时就产生怦然心动的感觉，这种"怦然心动"当然会让消费者将"巧克力"带回家

☞色彩营销应注意的问题

在色彩营销过程中，有些问题是应该注意的。概括起来有以下一些问题，如表 6-3 所示。

表6-3 色彩营销注意事项

事项	内容
盲目地模仿，盲目地运用色彩营销	对目标市场受众没有进行色彩偏好分析，或者掌握受众色彩偏好的第一手资料不足，企业盲目地把色彩与产品搭配，结果造成负面效应，不仅没能被消费者认可和接受，而且使企业的形象受损
只注重色彩营销的短期效应，不重视长期战略	企业在针对目标受众进行有效的色彩偏好分析，将色彩与产品搭配后，一上市获得巨大的市场效应，短期内企业的产品获得消费者的喜好和认可，产品销售给企业带来巨大的经济效益。例如，吉利豪情色彩系列轿车，长城金秋色彩系列显示器，荣事达推出明黄、天蓝、木纹、绿、红、黑、雪青和白色八个系列色彩，康佳"七彩小画仙"系列彩电以时尚的色彩和流畅的线条获得众多青年朋友的喜爱。珠海格力电器公司在提出了满足人们"色彩消费"新概念的思路下，试制出色彩空调系列。但是，企业短期色彩营销的成功，不能够带来长期销售的高峰，因而，企业应成立色彩研究与开发小组，把色彩营销战略作为企业长期的战略，只有这样，企业才能在激烈的市场竞争中，最快地获取目标市场消费者的色彩偏好，从而更好地抓住目标受众消费心理，适时地推出迎合消费者需求的色彩产品
企业色彩营销一定要与地域、民族、国家的色彩文化相合拍	这一点非常重要。尤其是作为出口性质的企业，在出口产品上，没有正确地认识到消费地域、民族、国家的色彩文化差异，不仅不能打开消费方的所属市场，而且还会间接给企业带来巨大的风险和损失，更有甚者，会造成民族冲突、国与国之间交往受挫。经济上的问题，如果没有重视国家的文化差异，必将引起政治上的冲突
色彩营销要重视整体与部分的统一	色彩营销对企业来说，主要包括产品及包装设计、产品陈列设计、企业品牌宣传、广告宣传。这些是色彩营销的重要内容，也是企业应用色彩营销的重要步骤。在面料行业里，色彩营销已经进入面料企业的市场营销环节，成为市场营销的重要手段

总之，色彩营销在范围上越来越广，它突破了原来的个人诊断，而更广泛地运用到了商品橱窗设计、商品陈列设计、产品及包装设计、企业品牌形象、广告宣传、城市色彩规划等方面。随着色彩营销理论的发展与传播，色彩策略在企业营销活动中的运用越来越频繁，并将逐渐成为企业在激烈的市场竞争中获得竞争优势的一个重要手段。

二、确保新产品成功推广的步骤

当今时代，唯一不变的事情就是变化，创新是企业生命之所在，创新已经成为时代发展的主旋律。对白酒企业而言，开发新产品具有十分重要的战略意义，因为随着白酒行业竞争的日益白热化，企业要想在市场上保持竞争优势，只有不断创新，开发新产品，才能巩固市场，不断提高企业的市场竞争力，保持市场可持续发展。因此，新产品是企业生存与发展的重要支柱，是确保企业基业长青的有力武器。对于营销人员来说，推广新产品是提升业绩、增加收入、体现个人业务能力的有效途径；对经销商和二批商来说，新产品是提高销量、增加利润、保证厂商双赢、保持市场可持续发展的有效办法。

然而，现实中往往有很多企业投入了大量的人力、物力、财力研发的适合市场的新产品却在推广的过程中早早夭折了。为什么即使适合市场的新产品也会在推广的过程中夭折呢？不外乎这样两个原因：其一，凡是新产品推广较好的企业都有推进计划，并按计划一步步进行落实。那些推广不好的企业则是企业将新产品分给客户就万事大吉，不再采取其他积极推进措施。其二，真正的销售是靠人来落实的，往往企业的销售人员和经销商会对新产品存在严重的抵触情绪，抵触的原因是销售人员和经销商不愿意去费心费力推广新产品，他们都会把注意力集中在成熟产品做促销和迅速起量上，这样做既轻松，销量提升也明显。

那么，企业要确保新产品成功推广，应该采取哪些步骤呢？

（1）确保销售队伍和经销商、二批商的关注度和士气，齐心协力推广新品。新产品上市前举办新产品上市培训会，充分调动渠道中各个成员的积极性。提高销售人员、经销商、二批商的积极性，共同参与到新产品推广中，形成"三级联动"。为此，要向销售人员、经销商和二批商进行"新产品推广的重要性"的宣导，向他们介绍清楚新产品的诞生思路、它的优势和利益点在哪里，具体的包装口味、价格描述是怎样的，使渠道中各成员对新品的上市做到心中有数，增强信心。另外，针对销售人员、经销商和二批商进行新产品上市各项过程指标的专项考核，加快新产品铺市速度，形成新品销售氛围，让他们明白"过程做得好，结果自然就好"，只要能把新产品推广过程中的各个指标（铺市率、陈列、促销、价格体系等）落实到位，新产品自然就会推广成功，销量自然就好。

例如，新产品在上市销售的过程中会有广告投放、铺货、经销商进货奖励、二批及零店促销、超市进店、消费者促销、销售人员开店奖励等一系列动作，新品上市计划要对每一项工作做出具体规划和安排，确保新产品推广的各项活动有条不紊地进行。具体要做到：新品上市前召开所有销售人员、经销商和二批商新产品推广培训会；对所有销售人员、经销商专门订出新品销量任务；日常销售报表和会议体现对新品销售业绩的格外关注，建立完善的业绩分析系统，全程掌控新产品推广动态；上市执行期销售例会中新品业绩成为主要议题。对不能如期完成新品推广任务的市场，要求其做出"差异说明"并进行奖罚激励；举办销售竞赛（如新品销售冠军）对优胜者予以公开表彰和奖励；人员奖金考核制度，把新品销量达成从总销量达成中提出来单独考核；企业高层领导对新品推广不力的市场亲自检核，指出工作漏洞并进行协助。

（2）确保经销商进货并在正确的渠道上分销。要确保经销商按照推进计划在规定的时间内按照企业的进货标准进新产品，并且把新产品在正确的渠道上分销。因为在实际推广的过程中，企业的销售人员和经销商往往凭自己的主观判断出新产品不好卖，所以就一拖再拖不进货，或者适当进货但没有通过正确的渠道去销售，从而更加断定企业研发的新产品不好卖，这样肯定会影响新产品的成功推广。

例如，有一家白酒企业在新产品上市初期，给所有渠道人员召开了新产品推广培训会，也制定了详细的推广计划。可是在具体推广的时候，A经销商主观认为新产品不好卖，就迟迟不肯进货，经销商连新产品进都没进是不可能推广的；B经销商按照企业的规定时间和数量进货了，可是把中高价位的新产品放到C类、D类酒店和C类、D类商超渠道销售，结果导致合适的产品没有被放到合适的终端店销售，使得新产品动销缓慢。

（3）确保对于新产品推广的指导、协助必须参与进去。经销商进货后要做到让销售人员下市场，车上必须装新产品，拜访终端店时必须把新产品上市的信息告知终端店，并把促销政策准确无误地介绍给终端店（卖新产品的利润比老产品利润大）。

例如，C经销商是按照企业的要求进了新产品，可是新产品进了以后，每天业务员的送货车上不装新产品，业务员下市场也没有把新产品上市的信息告诉终端店，没有把新产品的促销政策介绍给终端店，终端店也就不知道新产品上市的信息，也不知道销售新产品比销售老产品的利润空间大，结果导致新产品在该市场的推广失败。因此，渠道成员如果对于新产品的指导、协助没有参与进去，就说新产品不好卖，新产品的推广肯定是不会成功的。

（4）确保新产品按照企业规定的价格体系销售。因为新产品上市前，企业经过大量的市场调查，根据市场的实际研发出适合市场的新产品。因此，在新产品推广的过程中必须检查经销商的出货价是否正确，有没有按照企业规定的价格执行；终端的零售价格是否正确，有没有按照企业规定的统一零售价销售。在实际推广过程中，往往渠道成员擅自更改企业新产品的价格体系进行销售，结果影响新产品的推广，却说企业研发的新产品不适合自己的市场而不好卖。

例如，A企业的新产品在上市时制定的价格体系是：经销商开票价每瓶20元（经销商的利润来自企业的返利），终端店开票价每瓶20元，终端店零售价每瓶25元。但是在实际推广的过程中，经销商私自把终端开票价改成每瓶25元，终端店零售价改成每瓶35元，结果导致新产品的价格体系脱离了企业推广新产品打压竞品、抢占25元价位市场占有率的目的，使得终端店感觉新产品的包装支撑不了每瓶35元的价位，使得新产品市场铺市率低、动销迟缓，从而在该市场推广夭折。

（5）确保新产品陈列和推销。因为在新产品研发阶段，企业是要经过大量市场调查的，从而确立新产品在该市场的竞争优势，在推广的时候制定相应的促销政策和陈列标准。因此，在新产品推广的过程中，必须确保按照企业规定的陈列标准做好柜台陈列，并且在维护的过程中不厌其烦地告知终端店新产品的优势和销售新产品的利润空间，以及销售新产品的奖励政策。如果陈列不合格，店主不知道销售新产品的利润和政策，那么新产品推广就不可能成功。

例如，A企业在新产品推广的过程中，渠道成员都反映新产品不好卖。企业派市场部人员去市场走访，结果发现，终端店是签了陈列协议，但是新产品在终端店根本就没有被摆上柜台，有的即使摆放在柜台但也不在明显位置。当问到终端店新产品是多少钱进的、卖多少钱时，终端店也不知道，意味着终端店都不知道销售新产品比销售同等价位的竞品利润空间大，结果导致新产品在该市场推广迟缓。

（6）确保新产品的铺货率。铺货率检验是新品上市成功的基础，铺货率达不到一定水平，评估新品接受度根本没有意义，因此必须确保新产品在市场上达到规定的铺货率（低于60%的铺货率是很难判定新产品是否适合该市场的）。

例如，某企业在新产品推广的时候，经销商是打款发货了，结果经销商在新产品推广的时候，只把新产品放到与他关系好的几家终端店销售，因为这些终端店在"吃独食"，所以价格卖得很高。结果导致新产品在该市场没有形成一定的市场占有率，市场占有率低就使得市场影响力低。

（7）确保能够掌控的终端网点的铺货率。若某终端店和经销商的客情关系很好，一直在销售经销商的其他产品，但却没有销售新产品。如果此类终端都不知道新产品上市信息和销售新产品政策等，则证明经销商根本就没有推广新产品。

例如，某经销商一直说新产品不适合自己的市场，终端店不接受新产品等，结果企业高层亲自到该市场走访并和终端店沟通，了解到并不是新产品不好卖，而是经销商根本就没有把新产品的优势和促销政策准确无误地介绍给他们。

（8）确保新产品推广员工的奖金制度执行到位。企业在新产品推广初期都会制定推广新产品的特殊政策，如对于销售人员销售新产品提成比销售老产品高、新产品进店有开店奖励等。如果经销商的员工不知道这些激励政策，是不会去推新产品的。

例如，某企业在新产品推广初期针对经销商的员工制定了相应的激励政策，但是经销商在实际推广过程中把企业的激励政策"克扣"了，使得员工在新产品的推广过程中没有积极性，导致新产品推广迟缓。

与"幸福的家庭都是相似的，不幸福的家庭各有各的不幸"这个道理一样，成功的企业都有相同的基因。企业大量的事实证明，要确保新产品成功推广，就必须制定严格的推进计划，并且不折不扣地按照推进步骤去执行。

三、到底如何助销你的客户

所谓助销，是指在商场内，助销人员通过引导、启发、刺激等手段来促使消费者产生购买商品的兴趣，做出购买决策，发生购买行为，协助柜台销售人员销售商品，从而增加盈利的促销手段。助销是旨在通过人、财、物、技术、管理资源的投入，帮助经销商发展生意、拓展业务、管理市场的一种渠道运作理念和销售管理模式。

☞企业助销的对象

企业助销工作的本质就是以人为本，凡是产业链上的一切合作者我们都要想办法成就他们，只有成就他人才能成就自己。为此，在品牌策划当中，需要做好以下四个对象的助销工作，如表6-4所示。

表6-4　企业助销对象

对象	解析
员工	员工是企业的第一动力源。如何帮助员工发财，如何帮助员工发展，这是企业工作的第一要务。因此，必须有具体的计划与目标，如你给予员工的收入计划、培训计划、员工职业发展计划等。没有员工的忠诚与努力，就不会有客户的忠诚与回报

对象	解析
客户	如何帮助中间商发财，如何帮助中间商发展，这是企业发展工作中的关键环节。客户赚不到钱，一切都将落空。这也就是说，除了让客户跟你合作能够发财外，还必须有一系列办法，帮助中间商客户将产品持续销售给终端客户。事实上，再好的项目，如果没有一系列实用落地的工具，客户的发财愿意就会落空，当然最后你也一定会失望
终端	如何帮助终端发财，如何帮助终端发展，这个问题是一切问题的关键点。如果不能够帮助你合作的门店提高动销能力，你的产品就不可能卖好，如果不能够帮助你合作的门店提高管理能力，你的持续成长就可能受阻
消费者	将助销工作延伸到消费者，帮助消费者健康生活，这是企业获得口碑、稳健成长的重要一环。很多企业都注重打通企业和消费者直接对接的渠道，通过营销手段将高质量的产品和高水平的服务送到消费者手中，从而增加了消费者对企业品牌的信赖，最终获得双赢

☞助销策略组合

助销是有方法和技巧的，而有效的助销应该采取组合策略，以收到理想效果。大致来说，助销组合一般采取以下策略，如表 6 - 5 所示。

表 6 - 5　企业助销策略

策略	实施要领
产品定位	要突出强调产品独到的特点，就把它摆在明显优于竞争者产品的位置上，如果被助销产品与其他替代品毫无区别，顾客就会感到选择该产品并不能给他带来更大的益处，反而会感觉听店员喋喋不休的介绍是一种时间的浪费，这只能导致他对产品的拒绝。 例如，某化妆品公司派出数名助销小姐在商场内助销护肤产品，她们津津乐道地向顾客介绍该产品的护肤功能、润肤功能，但几天过后，效果并不令人满意。在总结了经验教训后，助销小姐们决定改变一下促销战略。她们不再强调护肤品的一般功效，而是突出它的特点——该系列化妆品不含铅、锌等刺激物，是纯天然、纯药物的新型化妆品。这一次，顾客接受了她们的介绍，销路就此打开了

策略	实施要领
强调产品"效益"	在助销中，要向顾客推销使用你的商品所能产生的效果，而不是一味地描述产品的细节。过多地描述细节，只会遇到顾客更多的反驳，产生更多的问题和阻力，而为了解决问题，就会转移你与顾客之间交谈的主题。因此，助销员在与顾客交谈时，重点应放在顾客使用该产品对其产生的收益上，能否向顾客提供所希望的"效益"是选择产品的决定因素。通常，助销员不可能对产品进行很大改动来满足其需要，因此对助销员重要的一点是，要去说明产品的效果，改变顾客对你的产品的价值观，促使其购买。采取这一策略，要注意与"产品定位"相结合，"产品定位"是前提，"效益"是其有效的补充。 例如，某助销员助销自来水过滤器时，不是简单的一句"本产品能过滤自来水中的有毒细菌，净化饮用水"，而是采用了"强调效益"的战略："使用这种过滤器，自来水就变成了矿泉水，买了它，每天就可省下一瓶矿泉水钱。"结果，消费者都愿意接受后种助销方法
只言可言之言	俗话说"言多必失"，在助销中，如果助销员在顾客面前总是喋喋不休，毫不给顾客讲话的机会，就会使顾客有种被拒绝感，而且这种拒绝感会传到他对你的产品感知上。所以，每次助销交易中，助销员应尽量把说话时间保持在30%~40%，余下的时间留给顾客，促使顾客说出他的要求、他的感受，从而可以"对症下药"。特别是当顾客提出异议时，作为一个有经验的助销员，绝不可以争论，反击顾客，而应细细分析，像春风化雨般地去开解，改变其态度，从而助销成功。 例如，一对夫妻走到某油烟机柜台前，在看欧式油烟机时妻子说："老公，这个好漂亮，买这个吧。"老公说："不行，这个吸力不大，好看不好用。"后来这对夫妻又在关注银风油烟机，这是一款卖得最贵的中式油烟机，超过了一般的欧式油烟机价格。这时，导购员上前介绍："你好，这一款吸力大，是中式机，适合中国人用。"妻子说："对，不错，而且这个好看也不贵。"男顾客又转向了另一个型号的近吸式油烟机，这是一款比较便宜的机器，要导购员介绍。导购员说："这款近吸式油烟机，吸力没有银风大。"男顾客问："为什么没有银风大？"导购员说："它是小厨房用的，小厨房更为适合。"男顾客问："那么银风在小厨房呢？"导购员说："银风在小厨房效果也好，但小厨房装不太适合。"男顾客问："为什么？"导购员说："银风体积较大，大厨房效果好，小厨房用这款烟机显得太大了，占地方，又不协调。所以，先生，你家一定是大厨房，得买银风。"男顾客又问："近吸式不好吗？"导购员说："近吸式脏了不好看，而且白色喷漆面没有不锈钢的好清洗。"顾客问道："那是不是不能买近吸式了？"导购员说："我建议你买银风，这个好看，吸力又大。"男顾客向女顾客招手，笑着走了，回头对导购员说："我的厨房非常小，不能用这种。"这个案例失败的根源只在一句话，女顾客说了句银风"好看也不贵"，就主观判断顾客是有钱人，接着就臆断有钱人家一定是大厨房。在讲解的过程开始贬低便宜的近吸式油烟机，抬高银风油烟机，结果砸了自己的脚。由此可见，要避免"不可与言而与之言"，最好的方法就是挖掘出顾客真正的购买需求是什么，找出顾客的关注点，只言可言之言

总之，助销是商场营销中有效的促销手段，在市场竞争日益激烈的环境下，合理地运用助销策略，定会提高商场的盈利水平。

四、门店经营商业模式无极限

随着电商与新媒体营销的火热发展，传统门店经营的处境越来越尴尬，门店经营者该如何化解经营难点？下面从商业模式构建的角度来帮助经营者分析门店的几种可能性发展模式，供经营者借鉴。

☞衍生盈利模式

除了根基良好的大型超市外，门店生意竞争相当惨烈，传统门店盈利模式生存空间日益缩小，经营者要适时导入衍生盈利模式来进行经营模式的创新。衍生盈利模式即以传统经营为主业，但不以传统业务为盈利来源，而通过其他方式来获取利润的方式。

例如，现在市场有专门的试用装经营店，店里的主营业务就是将各日化品牌的试用装摆在柜台上，免费给顾客领取试用，盈利来源即是帮助日化品牌建立顾客试用信息、顾客信息等方式获取厂家的费用赞助，现在国内好几个城市已经做得有模有样了，而随着顾客信息量的增大，一个固定的圈子就悄然形成，本身就具备了很强的销售能力。如果门店数量具备一定的规模，就会有更多的衍生模式操作，像永辉超市将卖场包装成一个集广播、视频、平面于一体的广告发布平台，每年的纯利也相当可观；上海华联的主营业务年亏损近2亿元，而衍生业务创造的利润却达7亿元，可见由主营业务带动的衍生业务盈利已经成为商业行业最重要的利润来源。

门店经营中我们比较偏重规模的作用，规模的解释有两种，一种是店面的数量，另一种是店面实际顾客的数量，这两种规模都可以带来无限的盈利想象空间。所以，门店通过战略性亏损的方式来达成店面数量与顾客数量的增长都是合理的发展模式。

☞平台模式的构建

"圈子"是现代营销必须注意的分类，随着网络平台的诞生，各个群体都会追求自己喜欢的圈子，将门店打造成平台模式，这是目前非常有效的一种经营趋势。经营者可以根据所在地的实际情况，将门店作为某种圈子的话题、聚会平台，通过平台的搭建制造影响力，待平台具备一定的组织力时，转而寻求利润渠道，通过股权出售、平台组织人员的项目佣金抽成等形式获取。

例如，北京车库咖啡定位于创业合作俱乐部，经营者构建了投资方与创业者的见面平台，召集大量有好项目的创业团队进驻店内办公，再以项目吸引风投公司、投资人的介入，车库咖啡定期组织有影响力的投资人进行融资方面的课程简介，吸引大量的优秀项目与投资人，车库咖啡的盈利则是正常的经营利润，并且收取项目投资资本佣金来作为门店利润。

☞打造公众型门店

想要打造一家长久不衰的门店，必须要有适合的土壤与资源，当门店的经营进入正常盈利轨道时，建议经营者放弃独享利润的方式，而将门店打造成公众型门店，即将单店股份进行证券化交易，吸引适合的人员进行股权加盟，如经营型人员、资本型人员，允许其享受永久分红，但要为门店的发展提供脑力与风险庇护，控制好股权交易细节，一家公众型的门店完全可以将未来的发展道路铺好。

例如，山东省的一家养生门店就尝试了公众型门店的方式，这家门店在营业一年后即收回投资，会员数量达到3000多人。在进入正常轨道后，门店经营者与店内的部分会员进行了投资入股说明会，声明只要门店存在，入股股东将永久享受门店利润分红，会员们基本知道这家门店的生意情况，在查看了店面的财务报表后，38%的股权溢价转让快速完成，门店经营者除了获得部分现金收益外，新的股东更是带来了大量的客源与发展思路，养生门店的前景一片大好，并且新入股的股东都在琢磨共同投资，再筹建一家规模更大的养生会所。

门店的经营者一定要明白，店面的成长获利是受环境与经济影响的，不要奢望做成老店，我们无法正确预知未来的变数，所以在门店经营中要及时收取获利，并且将未来获利派给公众，同时也化解了自身潜在的经营风险。

☞资本化解发展瓶颈难题

由于受经营思路、操盘经验与市场环境的影响，门店在经营到一定阶段时，会陷入一种发展瓶颈，这个时候的门店发展停顿，利润较低，没有经验的经营者往往采取拖的心态，使得费用均摊增大，并且受后来的竞争对手挤压，前景非常黯淡。在这种情况下，经营者导入资本化思维，当经营受限时，将门店估值溢价后打包出售也是一种获利途径。

例如，A超市是一家区域性超市连锁店，有5家直营店，成立了5年时间，年销售额近800万元。发展前两年，利润较为可观，随着店面的增多，管理费等各种费用直线上升，并且由于创始人综合能力的原因，店面管理的组织架构一直未能达到理想状态，导致在开了5家店时遇到经营瓶颈：销售额增长了，但各项费用居高不下，利润额并没有随规模增长而增大，并且规模增加了，管理上却出现了混乱，这使创始人异常苦恼。机缘巧合，外地的一家超市正好要进入这个区域市场，经朋友牵线，合理估值后，A超市将5家店面打包出售给了这家外地超市，双方对结果均十分满意，外地超市获得了成熟的超市与业务流，只需引进其总部专业的管理体系就能使原有店面业务改善，而A超市的经营者也得到了满意的溢价回报。

有一句传统的话说："有人适合生孩子，有人适合养孩子。"这就是为什么同样一个企业在甲的手里年赚几百万，乙收购后年盈利就能达到几个亿，甲只能将"孩子"生出来，但却不能培养好，而乙却可以利用自己的资源与能力将"孩子"培养成知名品牌。同样的道理，这句话也可适用于盈利模式的延伸，即只提供品牌的建立与培养，如果具备创造品牌并能让品牌稍加盈利的能力，但却不能使其更大化创造利润，那么将创造的品牌出售就是盈利模式，在企业初步成长期是最容易出售的时机，将创造的企业卖给别人去打理，获取未来利润的折现值，然后再继续在自己熟悉的行业里创造另一家企业来继续这种商业模式。

☞正确利用商业联盟

商业联盟是现在常见的一种联合形式，但大部分的联盟只存在表面形式，最多就是营销互惠、会员折扣互享等形式，根本没有发挥出商业联盟的价值，并且随着现在各种联盟的产生，联盟卡也越来越流于形式了。这里要说的商业联盟，则是具有共同业务的同行形成联盟，并且成立新的公司，联盟内门店业主共同控股新组织，扩大经营规模，制定经营竞争规则，并发展自有品牌数量，降低经营成本，共享资源，这才是商业联盟体的核心价值所在。

例如，荷兰人创办的批发零售连锁公司SPAR是国际联盟组织，旗下拥有美特好、华冠适佰家、嘉荣喜伴购物广场等一大批中国著名分支机构。这个组织建立了强大的管理系统，并通过建设自有品牌供给旗下会员超市，降低了供应链成本，并且利用联盟的影响力为旗下品牌提供了各种便利，这是商业联盟的杰出代表类型。

商业联盟的核心并不是简单的会员互惠，而是在相同的门店联合到一定规模的时候，共同控股新公司，向供应链上游发展从而降低采购总成本。商业联盟集体组建控股新公司后，可对联盟内的所有会员门店打造统一的对外形象，从而也可以达到形象规模，继而进行特许加盟的发展战略。

总之，门店的商业模式构建是一项非常值得研究的工作，未来的市场只有把握好了商业模式，才能真正创造无限的利润空间。当下的市场环境已经发生了巨变，经营者必须与时俱进，及时转变经营理念，学会将风险最小化运作，经营者要让自己不断学习，了解各种经营理念与商业模式，才能使经营简单而又出彩。

五、超越"顾问式销售"的营销

尽管许多销售人员和企业在"顾问式销售"流程上还没有达到炉火纯青的境界，但他们大多已经能够熟练运用这种流程并使之日臻完善。那么，"顾问式销售"是不是销售技能发展的最高阶段呢？还有使高绩效顾问式销售人员向更高台阶迈进的方法和技能吗？有！它就是已经为全球众多企业所广泛采用的"引导型销售"。

☞从"顾问式"到"引导型"的跨越

我们通常把超越顾问式销售阶段的销售人员称为销售引导者。这类销售人员能够像高层那样去帮客户思考问题、解决问题，从而使双方更好地达成既定目标。与顾问式销售人员相比，销售引导者致力于与客户建立起更加稳固、更为持久的合作关系，策略性地思考客户的终极目标及自身目标。

在为客户提供解决方案时，顾问式销售人员会深入挖掘客户的业务情况并提供能满足客户需求的方案，而"销售引导者"还会在此基础上把所了解到的客户信息和业务策略进行"嫁接"并走得更远——通过提出各种建议来促使客户有效地达成既定目标。通常，销售引导者会跟客户分享行业及技术发展趋势，并分析这些趋势将如何影响客户的业务策略。

此外，销售引导者还愿意并能够帮助客户解决超越产品和服务之外的业务问题。他会像高层那样思考问题，更重要的是，销售引导者不仅根据本公司的数据来衡量销售过程成功与否，还会根据客户主要指标的达成情况来评估销售活动。

与顾问式销售相比，引导型销售能从更高的角度和更广的范围来看待销售活动和客情关系，能够找到更多的方法来持续为客户创造价值，与客户建立起来的关系也更加持久，所以在全球范围内受到了众多企业的广泛欢迎。

☞如何将技巧固化为流程

与任何技能的培养和固化一样，要完成从顾问式销售向引导型销售的转变，都需要销售人员和企业投入足够的时间和精力，并创造性地把培训、巩固等学习方法结合起来运用。

销售是一种经过明确定义的流程，而不是某种机会主义的事件。事实上，如果销售人员仅凭感觉做事，或在展示产品时随心所欲，那么，他成功的概率不会很高。许多销售模型都是以某些特定情况为前提的，而引导型销售却推崇一种连贯一致的销售流程，这种销售沟通方式已经被无数次地验证，其基础是客户决策流程。引导型销售强调销售流程，强调工具性和实用性，能真正改变销售人员的行为，使其在较短的时间内实现较大的销售额，并形成强大的竞争优势。

许多销售模型介绍的都是在特定情形下的销售诀窍和技巧，这些模型存在着一个通病：销售展示过程会显得缺乏连贯性，这类技巧往往是对客户行为的被动回应，也很容易被忘记，因此，它们无法在展示中被恰如其分地运用。其根本原因在于对客户决策流程的忽视或漠视，从而无法在客户决策流程的基础上形成一套真正连贯的销售流程。

☞影响客户购买行为的五项决策

研究发现，客户在选择供应商、产品或服务时通常会依次进行以下五项决策，如表6-6所示。

表6-6　影响客户购买行为的决策

决策	决策解析
判断销售人员的个人特征	该销售人员是否具备良好的评断能力？是否诚实、可靠、有见识？这些判断都是针对销售人员自身的，这就是销售人员要在销售产品前首先成功推销自己的原因
考量企业	客户会考虑：该公司能否满足我的期望？业务政策能否接受？当客户在考虑是否与你交往时，这类问题经常会出现在他的脑海中
分析产品	客户会想：这家企业的产品能否满足我的需求？能帮我解决哪些问题？能给我带来哪些机遇？其产品质量如何？

续表

决策	决策解析
审视价格	客户会想：该产品是否物有所值？购买该产品或服务所要花费的资金和时间成本如何？
决策时间	客户会想：我需要在多长时间内做出决策？我什么时候才可以从购买的产品和服务中最大限度地获益？我是否需要推迟购买？

以上便是影响客户决策的五大因素。这些因素看似简单，但在实际操作中要想顺利通过这"五关"绝非易事。

☞行动销售，九步制胜

技能很重要，流程是保障。在这里，我们围绕着影响客户行动的五大因素（或客户购买决策流程）创造了一个非常简单、实用的销售模型——"行动销售"。具体流程依次分为 9 个步骤，如表 6-7 所示。

表 6-7 行动营销步骤

序号	内容
1	在拜访客户之前，我们需要设定承诺目标，如"获得订单"、"安排再次见面"等。你需要从一开始就与潜在客户建立良好的关系，这一点非常重要
2	销售人员需要与客户建立互信关系、展示产品或服务，这主要通过对客户提问来进行
3	通过一些精心设计、编排的问题来确定客户的需求。客户的回答可以带给我们很多信息，这些信息可以告诉我们如何与这些客户打交道
4	复述客户的需求，并请客户确认我们的判断是否准确
5	向客户介绍本企业，描述本企业在满足客户需求和偏好方面的特色及优势
6	进行产品或服务展示，将围绕本企业产品或服务的特色、优势以及与客户目标的匹配性进行阐述
7	对本企业和产品的陈述进行总结，然后，可以开始涉及价格问题，并巧妙、坦诚地建议客户购买。倾听客户的想法，通常，客户在做出购买决策后还会有一些其他想法

序号	内容
8	通过提醒及感谢来消除客户的疑虑，让他们相信自己做了一个明智的决策，并引导客户关注后续事项，这一步叫作"销售确认"
9	我们要做的就是在每次拜访客户后花几分钟时间，通过一份有效的核对清单来对自己的行动进行评估

　　尚待开发的销售人员是企业的宝贵财富。为了发掘销售人员的潜力，企业需要传授给销售人员更为有效的销售方法。引导型销售的魅力主要在于，它围绕"五大关键技能"提出了"九步行动"这一极易掌握的销售流程，并结合后台网络、巩固学习等创新训练模式。"九步行动"使本来枯燥的销售过程变成一种享受，也可以彻底固化销售人员的销售行为和销售技能，与其他销售方式相比具有无可比拟的优势。

六、如何做一个专业的营销人

　　营销人大致可以分成三类：第一类是只会说不会做的，这叫"假把式"；第二类是只会做不会说的，这叫"傻把式"；第三类是既会做又会说的，这才是"真把式"。

　　只会说不会做的"假把式"，在企业里生存越来越困难，生存空间越来越小了。靠拍马屁、搞关系或只说不练、偷懒耍滑的营销人，在"业绩为王"的企业早晚都会原形毕露，被无情淘汰的。这类人毕竟只有极少数。

　　只会做不会说的"傻把式"，在企业里确实大量存在。他们有终端实战的经验积累，但不能很好地总结和升华到理论的层面，或"茶壶里装饺子——倒不出来",或词不达意、南辕北辙。这类营销人可能成为独当一面的优秀销售人员,但很难成长为一名运筹帷幄的优秀营销管理人才。这类营销人遇到了成长的"天花板"。

既会做又会说的营销"真把式"是稀缺人才,这类营销人,既有终端实战的一线丰富经验,又善于总结和理论提升,能把终端实践的心得和收获上升到理论高度,并能用生动的语言表达出来、用严谨的文字书写出来。自成体系的理论既能指导自己的营销实践,又能传授给其他人,是可以复制的。有"真把式"的营销人是被企业青睐和有强劲竞争力的营销人才。

做一个专业的营销人,要求具备五个专业:专业的心态、专业的形象、专业知识、专业技能、专业的习惯。具备了这五个专业,就是有"真把式"的营销人。下面我们来说说如何通过五个专业把自己打造成有"真把式"的营销人。

☞**专业的心态**

专业营销人的专业心态包括五个方面,如表6-8所示。

表6-8 营销人员的专业心态

事项	内 容
积极的心态	与积极心态相反的是消极的心态,消极心态的人通常是指只会看到困难、看到负面的人。"今天这个客户真是难缠,我烦死了!""今天这个客户真有挑战性,与这样的客户打交道真有意思!"同样一件事,同样一个客户,不同的业务员去面对,就会有不同的结果
诚实的心态	一直以来,人们都有一种偏见,认为做业务员需要狡诈、需要欺骗。正如一位伟人所说:"战争就是掠夺,商业就是欺骗。"其实不然,商业最需要诚信,商业应该最讲诚信才对。否则,缺失诚信你将失去商业伙伴,失去商业合作

续表

事项	内　容
老板的心态	很多业务员总以为跑业务是为老板而跑，拿订单是为公司而拿。其实，在这个商业世界上，从来就没有免费的午餐，老板不给你工资，你愿意跟随他吗？公司没有给你前景、发展空间，你还会留在这样的公司吗？老板的心态就是站在老板的角度去看问题、思考问题、分析问题。老板的心态最重要的一个特征是投入与产出成正比例关系，记住，没有哪个老板愿意做亏本生意
双赢的心态	信息时代，更多时候还要考虑多赢。有一位老板总是算计业务员赚多少，很少计算自己赚多少，结果把业务员的工资提成减了又减，最后业务员一个一个地走完，当然公司也不可能再开下去了
自信的心态	爱默生说过："自信是成功的第一秘诀。"怎么样才能有自信？自信来源于你的专业形象、专业知识、专业技能和专业习惯

☞专业的形象

专业的营销人员必须塑造出一种好的形象。销售人士具有的形象魅力有以下共同点：精力充沛、勇往直前、永不言弃、积极思考、不断学习、开拓创新、纵观全局、乐观自信、处事果断、善于沟通、平易近人。

对于优秀的营销人员来说，你想成为什么样的人，就要看起来像什么样的人。你想成为客户可信赖的专家顾问，而不愿意成为一名令人讨厌的推销员，那么最好在去销售产品之前，找个好的形象顾问，让他们根据你的脸形帮你设计发型。另外，男士是否要留胡须，该留什么样的胡须，该穿什么颜色的西服；如果是女士，则需要他们帮助的更多，化妆、首饰、裙子、帽子、手袋。当然，在让形象顾问帮你设计形象之前，要告诉他你的工作性质和所营销的产品，以便让你的形象能够对销售有所帮助。

若要成为一流的营销人员，首先要梳理自己的形象，给自己包装。我们说产品在销售前的包装是为了更加美观、吸引人，而营销人员为了销售出我们的产品，就更加需要适当的"包装"了。包装好自己的形象我们才能够给自己的销售之路加分。其次，到什么地方就要穿和这个环境相适应的服装。例如，到工厂去营销产品，就不能够穿着笔挺的西服，那样子就和周围的环境很不协调，工人师傅就不会把你看作自己人，业务成功的希望自然就缩水了很多。如果穿着一身工作服，那效果就不一样了。

☞专业知识

什么是专业知识？专业知识指的是在某个专业领域范畴里必须掌握的某方面知识。业务员的专业知识包括企业知识、产品知识、生产流程基本知识、行业知识、营销知识等。

以生活用纸行业的业务员为例，必须掌握的产品知识有产品分类、产品构造、生产原理；好纸与坏纸的鉴别；什么样的纸加了荧光剂；手帕纸、面巾纸、卫生纸、餐巾纸和擦手纸的区别；哪些是原木浆纸，哪些是原生浆纸，哪些是再生纸……这些都是最基本的产品知识。生产流程包括纸是怎么样生产出来的，通过哪些步骤、哪些流程、哪些机器生产出来。行业知识包括纸的来源，中国生活用纸近几十年的变迁，行业的竞争对手、几大巨头，国家对行业的一些政策，目前和未来几年的产能变化，行业竞争程度、市场份额、市场容量等。营销知识包括消费者的分析，产品定位，渠道知识和推销的一些基本原理和技巧。

☞专业技能

有人总结出专业营销人要具备以下六大专业技能，如表6-9所示。

表6-9 营销人员的专业技能

事项	内容
想的技能	业务员应该具备一定的市场策划能力，就是针对某区域市场有一个整体的市场规划，包括阶段性销售目标、销售网络布局、选择什么样的客户、以什么样的产品和价格组合切入、采取什么样的促销方式、做什么样的活动
听的技能	业务员应该具备倾听的能力：①倾听可以使你弄清对方的性格、爱好与兴趣；②倾听可以使你了解对方到底在想什么、对方的真正意图是什么；③倾听可以使对方感觉到你很尊重他、很重视他的想法，使他放开包袱与顾虑；④当对方对你的公司有很多抱怨时，倾听可以使对方发泄，消除对方的怒气；⑤倾听可以使你有充分的时间思考如何策略性地回复对方。有人说过，上帝给我们"两只眼睛、两个耳朵、一个嘴巴"就是叫我们多看、多听而少说
写的技能	业务员应该具备撰写一般公文的能力。很多销售领导可能都有这样的经历：经常有业务员以电话的方式向你汇报，这个竞争对手在搞促销，那个竞争对手在降价，请求你给予他政策上的支持。当你要他写一个书面报告时，销售员要么是不能按时将报告传回，要么就是写回来的报告层次不清，意图不明确。为什么会出现这种情况呢？因为很多销售员根本不会写报告或者写不好报告。做好计划和总结是最能体现业务员书面写作能力的基本工作
说的技能	业务员应该具备一定的说服能力。业务员是公司的代表，公司的基本情况、产品特点都是通过业务员向客户传递的。业务员最重要的能力就是沟通能力，没有沟通能力的人是很难说服客户的，说服不了客户又如何能推销产品？用于推销的语言，包括数字语言、逻辑语言、体态语言、幽默语言、暗示语言、赞美语言等
做的技能	业务员应该具备很强的执行能力。执行力强的业务员一般都具有清晰的目标，包括年销售目标、月销售目标、日销售目标；养成做计划的习惯，特别是日工作计划，当天晚上就确定好第二天的销售计划，计划好什么时候、花多长时间、到哪里去拜访什么客户、与客户达成什么共识等；具有立即行动的习惯，说做就做，不会拖延；善于总结，总结当天工作的得与失、亮点与暗点；善于学习，不断提高自己的销售技能
教的技能	业务员应该具备一定的教导能力。优秀的业务员都具有很好的教导能力，他不但自己会做，还能教会别人做，因为现代销售不可能靠单干来完成销售任务，必须是团队作战，团队作战就要求你教会同伴。其实，"教"就是培训能力，很多大公司都要求提拔业务主管时一定要看这个业务员是否具备培训能力

　　当然，具体的专业技能包括客户开发技能、演讲技能、谈判技能、账款

回收技能、市场规划技能、铺货技能、价格管理技能、合同签订技能、处理客户异议技能、商业写作技能、计算机操作技能、产品特点总结和推介技能、利益说服技能、客户选择技能、订单处理技能、库存管理技能和个人时间管理技能。专业技能要经过业务员不断学习、摸索、总结、训练才能掌握。从知识到技能要有时间的沉淀，最好是有老师的指导。

☞专业的习惯

专业营销人要培养以下习惯：学习的习惯、锻炼身体的习惯、立即行动的习惯、注意倾听的习惯、请教的习惯、提建议的习惯、请示与回报的习惯。这些习惯都是专业营销人必须具备的，它们与营销业务的开展和营销人员的进步有着密不可分的关系。

其实，不管在企业的哪一个岗位上，我们都应该成为专业的人，拥有专业的心态、专业的形象、专业知识、专业技能、专业习惯。

第七章 "互联网+"时代的营销管理

在企业中，有了营销管理，营销就会变得井然有序，各个部门之间的配合也会非常默契，工作效率自然也会提高。在"互联网+"时代，企业的营销管理需要将这样几个方面作为抓手：营销团队的人员甄选与培训，打造一支优秀的营销团队，遵循绩效考核"三重一轻"新原则，科学准确地判断经销商的素质高低，将心理效应适当运用到团队管理实践中。企业必须不断实践、不断总结、不断创新，才能打造一支强有力的营销团队，助推企业长久发展。

一、营销团队的人员甄选与培训

建立一支具有战斗力的营销团队是很多企业家所期待的，也是营销管理的开局性工作。组建团队主要有两个方面的工作，一是找到合适的营销团队成员，包括团队管理者的选拔和团队队员的甄选；二是营销团队的培训。下面对这些工作内容进行详细说明。

☞一个领头人

一个团队必不可少的就是一个领头人。一个营销团队首先是一个管理团队，没有一个合格的团队管理者，是不可能有良好业绩和发展前途的。管理学界有一个著名的管理寓言就是：一头狮子带领一群羊能够打败一头羊领导的一群狮子。这个道理人人都明白，可是在挑选这个领头人的时候，不同的管理者对其要求千差万别，这就是有些经销商和企业在两年内更换五六个项目操盘者的原因。

其实，对一个营销实战管理者来说，最基本的素质就是了解产品营销具体操作的过程，最重要的素质就是强有力的执行力。针对不同岗位的附加素质大概如下：最基础的社区营销工作主管要能够身体力行，起早贪黑；多个小队伍的区域经理要具有一定的日常工作激励技巧和培训能力；企业营销总监则还要具备一定的市场统筹策划能力；产品招商经理则要具有对营销模式的条理分析和指导能力。

许多企业主和经销商喜欢聘用有业内知名企业经历的管理者，这无可厚非，但绝不能脱离企业产品营销模式的异同。因为不同的营销模式决定了其基础素质，即对营销具体操作过程的认识。

☞团队成员的甄选

甄选团队成员最关键的是"以人为本"。团队是由个体组成的，只有好的个体，才会有好的团队，所以在讨论团队的建设与管理上，应该首先探讨团队中的个体。主要从以下三点来选择，如表7-1所示。

表7-1 甄选团队成员的关键点

关键点	操作要领
个人品质	品质是我们择人关键的第一要素，看品质应从三方面来考察：①看诚信。诚信乃立身之本、处世之根，自古就有"欲正其心者，先诚其意，意诚而后心正"，心术不正之人于团队而言，可谓"害群之马"。②看职业道德。职业操守对于职业营销人员来说就是获取"雇主"青睐的重要筹码之一，职业道德体现在个人的敬业精神和视公司利益至高无上的心态。③看责任心。只有有责任感的人，才会对家庭负责、才会对朋友负责、才会对公司负责、才会对社会负责，无责任心的人谁敢用之
个人能力	个人能力主要从三个方面来看：①沟通协调管理能力。营销职业的最大特性就是与各种各样的人或组织打交道，怎样与人沟通，怎样协调这样与那样之间的关系，怎样管理客户、渠道或下面的团队，这就需要较强的沟通协调管理能力。②观察分析决策能力。市场机会与威胁在哪里，竞争对手的劣势与优势在哪里，自己如何面对所处的各种环境来做出正确的决策，这就需要具备非凡的观察分析决策能力。③计划组织控制能力。"凡事预则立，不预则废"，市场瞬息万变，这就需要有驾驭市场变化的能力
个人形象	个人形象其实就是我们所要求的精神面貌，个人形象代表着团队形象，代表着公司形象。个人形象主要是指一个人的相貌、身高、体形、服饰、语言、行为举止、气势风度以及文化素质等方面的综合，而这些正是营销礼仪所涵盖的内容。营销礼仪与个人形象塑造密切相关，以营销礼仪规范自己的言行、仪容、仪表，是展示良好形象的一条有效途径。在营销活动中，由于营销活动与社会各方面关系越来越方便，联系越来越紧密，因此每个企业营销人员的个人形象对促进企业营销活动都有重要作用

☞团队的培训

光有先天因素不够，我们还要加强后天的培养，这就需要对团队加强相关培训，培训目的无非就是培养团队的凝聚力和战斗力。

团队凝聚力的培养实质就是加强团队文化的建设，为团队营造一种快乐工作和积极进取的氛围。团队文化是企业文化中重要的组成部分，团队文化的精髓就是强调协作，团结协作才能成就共同事业，才能实现和满足团队成员的各自需求，在相互合作的过程中，实现各自的人生价值。

团队战斗力的培养实质就是加强团队成员综合能力的培训，能力建立在知识的基础之上，所以在培训能力之前要加强知识的培训，而后才能谈能力的培训。在这里主要介绍以下四方面知识的培训，如表7-2所示。

表7-2　团队培训主要内容

内容	实施要领
公司知识	首先，我们要永远明确一点，那就是任何商业的合作都是建立在互惠互利的基础之上的，而能否互惠互利，我们考察的不是个人，而是个人后面的公司。因此，公司的背景、公司的资金实力、公司的管理制度、公司的经营理念、公司经营的项目、公司的未来发展等，都是我们出门谈判所必须具备的知识基础
产品知识	我们在销售产品之前，首先要对产品非常了解，如产品的规格、特性、作用及价位，同时更要充分地挖掘出产品的卖点，但又要知道产品的缺点在哪里，只有这样才能说服别人购买产品
行业知识	我们在从事或选择一项职业之前，对于职业的规划，关键是要了解这个行业的历史和现状，才能确定它的发展前景。在与合作伙伴谈判时，我们往往不仅需要对自身充分了解，更需要对整个行业有所了解，只有这样你才能在激烈的市场竞争中找出决胜之道
财务知识	财务知识对于营销人员来说处于非常重要的地位，而目前很多公司的培训，忽略了对营销人员财务知识的培训，其实这是一个管理的误区。财务知识不仅是高层管理必备的知识，更是我们基层营销人员必须掌握的一项基本知识

值得强调的是，在建立好以上牢固的知识基础之上，我们要对以下几方面能力加强重点培训：第一，谈判能力。作为营销人员，最重要的工作是要为公司找到合作伙伴，并能良性地做出销量和保证回款。能否谈成适合公司发展的合作伙伴，取决于我们个人的谈判能力。决定谈判能力的几个重要因素是广博的专业知识、敏捷的思维、能言善辩的口才等。第二，管理能力。作为营销人员，我们会拥有多个客户，这就牵涉到我们要对多个客户之间的关系进行协调与管理，使之能相互协作，共同维护市场秩序，而不是相互排挤、相互打压。同样，针对不同的产品形成不同的渠道，我们也会面临渠道

之间各种摩擦与矛盾，这就需要我们掌握渠道管理之道。再有就是团队的管理，如业务团队的管理、促销团队的管理等。第三，控制能力。市场瞬息万变，客户的心也在不断地改变，如何驾驭市场的变化，如何挖掘市场的潜在需求，又如何掌控上帝的心态，这就需要我们营销人员具有超强的控制能力。"运筹于帷幄之中，决胜于千里之外"，对整个营销的过程及各个环节都在掌控之中，必定战无不胜！

二、如何打造一支优秀的营销团队

在中国企业的营销团队中，主管个人的人格魅力与管理控制能力仍然是影响团队战绩的重要因素，只有团队主管领导到位，才能带领出一个好的营销队伍来。所以销售团队领导人的管理艺术、技巧、专业技能、性格、人格魅力是一个团队是否有战斗力的关键。

那么，如何打造优秀、高效的营销团队，从而让营销员更好地展现自己、释放自己，以此来给企业带来销量的最大化、盈利的最大化呢？

☞明确的团队与个人目标

哈佛大学的专家曾经做过一个著名的调研：召集100位大学生做了目标对人生影响的跟踪调查，调查对象是那些智力、学历和环境因素基本相同的学生。经过了解和调查发现：有清晰且长期目标的人员所占比例是3%，有清晰但短期目标的人员所占比例是10%，有较模糊目标的人员所占比例是60%，无目标的人员所占比例是27%。其中，社会各界的顶尖成功人士占

3%，如白手创业者、行业领袖、社会精英；社会的中上层各行业的专业人士占10%，如小老板、企业管理者；社会的中下层人士占60%，他们生活安稳，没有什么特别的成绩；社会的最底层占27%，他们生活过程不如意，常常失业，靠社会救济，抱怨他人、抱怨社会、抱怨世界。

这个案例也许很多人都看过，甚至学习过，但就是不能有效地去反思和调整自己。做企业、带领团队，个人目标的树立都很重要，营销团队也是一样，没有目标的营销团队最终走向何方，自己也不知道。作为一个营销管理者，一定要给团队一个目标，给团队每一个伙伴一个目标，人有了目标才有斗志。

营销团队的目标主要包括几个方面：营销团队业绩目标，营销团队每个伙伴的目标，营销团队人员数量目标；开发服务客户目标；营销团队的支出预算目标；营销团队人员培养目标。这些是作为一个合格的营销管理者最基本的管理指标。

☞有效的工作流程和制度

在团队管理中如果不能有效地用制度来约束和管理，就会产生很多不必要的麻烦和误会：增加管理的成本，削减团队的斗志，产生不必要的内耗，导致资源的浪费。所以，有效的工作流程和制度是关键。例如，不要造成营销成本的浪费，不要触犯财务这根"高压线"，公司的机密技术和文件不能外泄，公司的材料、财产、财物不能乱动等。

☞以身作则，做团队的表率

所谓"正人先正己，做事先做人"。管理者要想管好下属必须以身作则，并勇于替下属承担责任，而且要事事为先、严格要求自己，做到"己所不欲，勿施于人"。示范的力量是惊人的，一旦通过表率树立起在员工中的威望，将会上下同心，大大提高团队的整体战斗力。得人心者得天下，做下属敬佩的团队主管将使管理事半功倍。

☞及时兑现营销考核的承诺

对于营销人员的工资、奖励、提成、职位晋升、保险、福利、培训等各项承诺，企业都应说到做到、及时兑现，这些承诺就好比营销人员的三餐，营销人员不按时吃三餐就没力气工作，如果不及时兑现承诺，营销人员就会失去工作的激情。

☞在营销管理中要树立榜样

榜样的力量是无穷的，营销管理中也要树立榜样，包括营销过程中的典型人物、典型事例、典型操作等，以此为参照物引领和规范营销工作，激发营销人员释放激情，以更好地完成工作任务。

☞适时调整营销的布局结构

喜新厌旧是人的通病，营销人员在工作初期往往充满激情，但工作一段时间后就变得懒散而失去激情，在合适的时间里适当调整营销布局结构是比较重要的。这种调整包括营销区域的改变、营销人员的调动、客户的更换、营销组织的变动等。通过这种调整来满足营销人员求新猎奇的心理，从而重新燃起营销人员的工作激情。

☞鼓励全员参与营销的创新

企业的营销创新不仅能适应市场竞争的需要，同样也能激发营销人员的工作激情，如果同时鼓励全体营销人员参与营销创新，不仅使营销人员有被重视、被尊重的感觉，也能体现营销人员为企业当家做主的自豪感，从而极大地调动工作积极性，激发工作热情。

☞听取并采纳营销员的反馈

主动听取并采纳营销人员的反馈，包括正面的反馈、负面的反馈，如建议、意见，甚至是牢骚。为营销人员搭建沟通的平台或宣泄的渠道，为营销人员解答疑难、提供支持，抚慰营销人员的心灵，减轻营销人员的压力和压抑感，使营销人员轻装上阵、激情焕发，顺利完成营销目标。

☞创造和谐宽松的营销环境

营销环境也可以说是营销文化，营销环境对营销人员的影响至关重要，如创建企业中人人平等、互相关爱、沟通无碍、反应迅速、团结协作、不畏困难、奋力拼搏的营销环境。不只是追求企业利益，而且还造就大量优秀人才；不只是给营销人员压力，而且还给营销人员动力、活力；不只是指正营销人员的缺点，而且更能发挥营销人员的优点，悉心帮助营销人员成功；整个营销团队各成员之间，不只是同事关系、上下级关系，而且还是朋友关系、亲人关系；告诉营销人员企业不只是股东或老板的，而且是包括营销人员在内的每个人的。使营销人员有责任感、使命感、成就感、自豪感、荣誉感、忠诚感、归属感，因而也就能最大限度地保持营销人员的工作激情。

☞帮助营销员做好职业规划

企业如果能结合企业实际和个人职业素质，帮助营销人员制定科学而现实的职业规划，如制定营销人员一年后、两年后、三年后、五年后的职业规划，并告诉营销人员达成职业规划还需要哪些方面的提升，借此使营销人员有奔头、有方向，就能给营销人员带来动力，激发强烈的工作激情。

☞营销管理要有原则也要灵活

对于企业纪律、营销制度等，对营销人员要宽严相济弹性管理，更多地体现人本管理，严则令行禁止，松则量人、量事、量情适度灵活处理，做到原则性和灵活性的完美结合，使营销人员心悦诚服，以便使营销人员以更高的激情来工作。

☞做好营销人员的营销培训

培训是给营销人员更好的营销武器，通过营销培训，营销人员可以提高工作技能，了解产品知识、企业状况，改变工作态度。营销人员经过营销培训，能够信心百倍地激情工作，才能更顺利地达成营销目标。

☞用真爱真诚来感动营销员

企业要关心营销人员的工作，更要关心营销人员的生活及家庭，以平易近人的姿态、以体贴入微的关怀，做好营销人员的坚强后盾，给予营销人员鼓励、支持、帮助，尤其对营销人员的困难和需求要给予妥善解决。一句真诚的问候、一次简易的餐会、一次小小的帮助……细微之处最能体现真情，往往能深深感动营销人员，使营销人员彻底消除后顾之忧，以感恩之心，激情忘我地投入营销工作当中。

☞对营销人员也要量力授权

现代营销管理强调过程管理，包括指导、支持、监控、反馈、修正等方面，因此很多企业在营销管理中走了极端，反而歪曲了过程管理的本意，管得过死、过严，营销人员在具体工作中失去灵活性，或者形成一种工作依赖，阻碍了营销人员的工作激情，过程管理并不否定授权，一定的授权可以给营销人员信任感，还能帮助营销人员提高工作能力，进一步激发工作激情。

总之，打造优秀、高效的营销团队，是一项系统工程，它不仅需要完善的彰显人性化的规章制度作为基础，也需要健全、生动而丰满的培训体制作为保障。

三、绩效考核"三重一轻"新原则

哈佛商业评论观点认为，绩效考核在促进企业战略实施、激发员工活力、创造企业文化方面意义重大。所谓绩效考核，是指企业在既定的战略目标下，运用特定的标准和指标，对员工的工作行为及取得的工作业绩进行评估，并运用评估的结果对员工将来的工作行为和工作业绩产生正面引导的过程和方法。

☞企业绩效考核中存在的问题

现在的企业，特别是很多中小型企业，似乎都异常重视一件工作——绩效考核。有的企业就几十个人，也像大企业一样采用一大堆各式先进的考核工具，各种表格、图形、指标应有尽有，但在实践中却往往走了形、变了味。就像下面的故事描述的那样：

一个人在郊外游玩时碰到一桩很奇怪的事：有两个人，前面的一个人在使劲挖坑，后面的一个人在拼命填土。他很奇怪为什么挖了又马上填上，便上前询问。挖坑的人回答说他们在种树。这更让人迷糊了！挖坑的人又补充说，我们单位是严格按照规章制度考核的。我挖一个坑可以得到 20 元，他填满一个坑可以得到 15 元，本来还有一位同事的，他负责种树、浇水及施肥，每种一棵树可以得到 10 元。不过他今天生病了没有来，但我们的工作不能停啊，所以，你就只看到我们俩在这里挖坑和填土了。

碰到这样的事你是不是感到有点无语呢？身为管理者，我们首先应该想一想，问题出在哪里？有人会说员工水平太差，素质太低，只顾干自己的活挣钱。先不要去埋怨员工做事太差，其实这两个员工各自的活都干得挺好，挖坑的、填土的都很卖力。况且，作为员工，干自己的活挣钱有什么错呢？他有义务去管企业的目的吗？所以，管理者要先反思自己，根本原因是你规定的考核制度出了问题，所以结果才会出问题。人们常说"好的制度可以使坏人做不了坏事，不好的制度却可以使好人做不了好事"，正在于此。

☞ "三重一轻" 原则

绩效考核最容易出现的问题是流于形式，成为员工和管理者的负担，没有起到应有的积极作用。其实，企业关注绩效、重视成果这本没有错，也是应该的。问题在于，企业很容易在复杂的考核体系下偏离了绩效考核的本意，迷失了本来的目标，忘了自己究竟要什么，变成只是为了考核而考核。

绩效考核只有渗透到日常工作的每个环节当中，才能真正发挥效力，如此，应遵循以下"三重一轻"的原则，如表 7 - 3 所示。

表7-3 绩效考核"三重一轻"原则

原则	内容
重积累	重视平时的点点滴滴，正是考核的基础
重成果	重视大大小小的成果，才可以让员工看到进步，才有前进的动力
重时效	指定一个固定的时间考核，往往想不起来当初发生的事情。考核，应该就在事情发生的当下，而不是过了很久之后
轻便快捷	复杂的绩效考核方式，需要专业人员的指导才可能取得预期效果。对并不复杂的中小企业来说，应该侧重通过轻便快捷的绩效考核方式，为管理者提供和积累考核素材

总之，作为老板，有必要全面反思一下企业的绩效考核：为什么要做？耗费成本有多大？收益多大？取得预期效果了吗？员工都认可吗？否则，有的事做了不如不做！

四、如何判断经销商的素质高低

营销格局随时都在变化，区域经理是经销商和企业的纽带，也是红娘。在合作共赢的时代，在"互联网＋"时代，如何更好地实现厂商共赢，是营销管理过程中必须解决的问题。

☞选择经销商存在的误区

在选择经销商方面可以提升和调整一些思路，不要误入歧途，最终使厂商不欢而散。

一位经销商说他和某一个厂家前一段发生了分歧，在这个厂家开经销大会期间，他拍桌子说"不和你们合作了"，随后就断绝了合作关系。有人问他为什么这样做，他说："我没有串货，他却说我串货，我很生气。"

我们不评论谁对谁错，总之这个事情发生了，对谁都不好，结果肯定是两败俱伤。出现这样的尴尬局面，很大一部分原因是区域经理在选择经销商方面存在如下误区，如表7-4所示。

表7-4 选择经销商需避开的误区

误区	表现
只选择分销网络分布广的经销商	有些经销商经营时间比较长，网络丰富，我们很想通过他们的网络一下子把市场打开，为了达成合作，就给这个大户经销商很大的促销力度，很多支持。于是出现客大欺店的现象，未来的结局就是他们会到处闯祸，扰乱市场，新的经销商很难进入，小的经销商没有利润可挣
只选择规模大、实力强的经销商	很多区域经理在开发区域市场过程中，首先就去开发当地最大的经销商，认为有资金、有实力，销售得一定会很好。结果是产品放在这些经销商手里，很容易被绑架，他们不主要推广你的产品，你又不能再去开发其他的经销商，产品就这样被软禁起来了
认为经销商经验丰富就好	过去的经验可能是未来失败的根源，不知道这句话区域经理能否明白，当今中国市场，很多企业的品牌做得风生水起，几年后，就没有了踪迹，这是为什么？是因为被所谓的经验拖累了

企业如此，经销商何尝不是这样？十年河东，十年河西，过去的经验只代表过去，不代表未来，要寻找未来有营销新思路、营销新思维、管理新方法的经销商才是制胜之道。况且所谓有经验的经销商会对公司的政策指指点点，会按照自己过去的老一套思路做市场，对厂家新的营销政策不容易执行和接受。

☞如何判断经销商优劣

《孙子兵法》有云："知己知彼，百战不殆；不知彼而知己，一胜一负；

不知彼，不知己，每战必殆。"意思是说，在军事纷争中，既了解敌人，又了解自己，百战都不会失败；不了解敌人而只了解自己，胜败的可能性各半；既不了解自己也不了解敌人，必定失败。

就企业现实情况而言，也需要对经销商进行一些调查了解。那么，如何判断经销商的好坏和素质高低呢？下面总结出八个方法供参考，如表7-5所示。

表7-5 选择经销商的方法

方法	操作要领
通过网络查询了解经销商信息	从速度上来说，网络恐怕是最快的了。直接输入相关的信息进行查询，具体查询词条可输入经销商公司名称、老板姓名、公司电话及老板的手机号，再把该经销商公司的名字和其经销的品牌（中间加空格）输入搜寻。从网络中，能查出该经销商公司及老板个人的很多信息。还可在当地的招聘网络搜索该公司的历史招聘信息，从中分析该公司的岗位空缺状况，从中推算出其基本组织架构和基本业务方向。也可以查询该公司的一些负面信息，如老板的为人、所经销产品曾出现过的负面事件等，搜索办法就是老板或是公司名称，空格后加一些相关词条，如抠门、黑心、曝光、内幕、经历等
扮演求职者	经销商公司组织架构大多长期处于缺编状况，业务人员更是处于长期持续招聘状态，以求职者的身份进入也是个办法。以求职者身份进入经销商公司，情况了解得自然要直观和全面很多。建议重点关注方面有：面试时对方介绍公司情况（大多往往是老板亲自面试）时，可主动询问一些公司和市场信息，以了解岗位工作内容的名义，尽可能地了解相关岗位的工作流程和作业方式，观察其公司内部的陈列布局和整洁程度，尤其是内部洗手间，能直接看出其自身的内部管理水平
接触其基层促销员	接触经销商老板的机会常常不是很多，有时候连该经销商公司的业务人员也不见得能接触上。但是，该经销商分布在各大终端卖场的促销员、导购员却是可以比较容易接触到的，以消费者或是招聘挖人的名义，直接接触其基层促销员，从他们身上了解其经销商公司的厂家经销情况、产品结构、与终端的真实关系、内部管理状况、业务人员的素质水平，乃至老板的管理风格及个人特点等。另外，从第三方求证的角度来讲，在正式接触经销商老板之前，也可先找到其下属分销商和私营零售终端，或是其他厂家的驻地业务（大多数厂家业务人员对这种横向沟通并不排斥），从产品销售状况开始，到合作历史与状况，乃至其公司未来发展方向都可了解

方法	操作要领
看前台、仓库和车辆	公司的前台就是公司的"面子"，其装修程度、整洁程度也能说明该经销公司的内部管理状况。老板的经营思路和个人风格是高调还是低调，是突出厂家品牌还是强调经销商自己的公司品牌，是规范还是随意，员工素质是职业化还是随意散漫，往往从公司前台中就可见一斑。进入经销商公司的办公室有些难度，但进入其仓库相对容易些。查到其仓库后，若是租借仓库，可以租借仓库的名义，联系到仓库的管理方，由仓库的管理方带你去仓库参观，充分了解该经销商的产品结构、大致销量（从生产日期和货物数量计算）、市场管理水平（看其宣传促销物料的保管和库存状况），从仓库门口的配货装卸流程的科学性，到送货车辆的整洁程度，也能直接看出其经销商公司的内部管理状况，有条件的话还可看看其仓库的配送单和送货单，了解终端订货情况
经销商老板对员工和客户的态度	在和客户沟通过程中，话语间就可以判断出他对客户和员工的态度。有一个经销商客户，年龄比较大了，他认为，员工跟着你，要有奔头，给员工做好服务，他们才能安心工作；对待客户也要诚信，为客户着想，及时处理客户的投诉和不满。这个经销商一直做得都很大，也是一家大型企业一直支持的经销商
经销商的管理能力、学习能力	通过看经销商的办公室、仓库、员工状态，你就可以看出经销商的管理能力。如果办公室很乱、很脏，员工状态不好、没有信心，在谈话中总是抱怨多、思路少，总是说赔钱、生意不好做，这样的经销商需要慎重考虑，因为他未来做成事的机会会比较小
经销商的过去、现在和将来的对比	在和经销商闲聊过程中，不妨问问他的过去经历、现在的状态，以及未来的打算，看看现在是在上升阶段还是在下降阶段，就能够判断他的处境如何了
经销商的营销新思路	请经销商谈谈如何面对同质化的竞争、如何面对利润低下，作为经销商如何突破局限、快速增长的运作思路等，从而挖掘他有没有营销好产品的潜力和素质

需要指出的是，不管通过什么渠道所了解到的信息，在与经销商老板首次会面时都不能说出来，所调查得来的资料信息，只能是作为自己谈判方向和结构的指引，或是用来设计与其合作的切入点。

五、心理效应在团队管理中的运用

心理效应是社会生活当中较常见的心理现象和规律，是某种人物或事物的行为或作用，是引起其他人物或事物产生相应变化的因果反应或连锁反应。同任何事一样，它具有积极与消极两方面的意义。因此，正确地认识、了解、掌握并利用心理效应，在管理营销团队的工作当具有非常重要的作用和意义。

☞自觉运用罗森塔尔效应

美国心理学家罗森塔尔考查某校，随意从每班抽3名学生共18人写在一张表格上，交给校长，极为认真地说："这18名学生经过科学测定全都是智商型人才。"事过半年，罗森塔尔又来到该校，发现这18名学生的确超出常人、长进很大，再后来这18人全都在不同的岗位上干出了非凡的成绩。这一效应就是期望心理中的共鸣现象。

运用到营销团队管理中，就要求管理者对下属要投入感情、希望和特别的诱导，使下属得以发挥自身的主动性、积极性和创造性。如管理者在交办某一项任务时，不妨对下属说"我相信你一定能办好"、"你是会有办法的"、"我想早点听到你们成功的消息"等，这样下属就会朝你期待的方向发展，人才也就在期待之中得以产生。我们通常所说的"说你行，不行也行；说你不行，行也不行"，从某种意义上来说也是有一定道理的。一个人如果本身不是很有能力，但是经过激励后，才能得以最大限度的发挥，"不行"也就变成了"行"；反之，则相反。

☞充分运用贝尔效应

英国学者贝尔天赋极高，有人估计过他毕业后若研究晶体和生物化学，定会赢得多次诺贝尔奖。但他却心甘情愿地走了另一条道路——把一个个开拓性的课题提出来，指引别人登上了科学高峰，此举被称为贝尔效应。

这一效应要求营销团队管理者具有伯乐精神、人梯精神、绿地精神，在人才培养中，要以国家和民族的大业为重，以单位和集体为先，慧眼识才，放手用才，敢于提拔任用能力比自己强的人，积极为有才干的下属创造脱颖而出的机会。

☞适当运用鲶鱼效应

挪威人在海上捕得沙丁鱼后，如果能让其活着抵港，卖价就会比死鱼高好几倍。但只有一只渔船能成功地带活鱼回港。该船长严守成功秘密，直到他死后，人们打开他的鱼槽，才发现只不过是多了一条鲶鱼。原来当鲶鱼装入鱼槽后，由于环境陌生，就会四处游动，而沙丁鱼发现这一异己分子后，也会紧张起来，加速游动，如此一来，沙丁鱼便活着回到港口。这就是所谓的"鲶鱼效应"。

营销团队管理者运用这一效应，就是通过个体的"中途介入"，对群体起到竞争作用，它符合人才管理的运行机制。目前，一些企业实行的公开招考和竞争上岗，就是很好的典型。这种方法能够使人产生危机感，从而更好地工作。

☞巧妙运用海潮效应

海水因天体的引力而涌起，引力大则出现大潮，引力小则出现小潮，引力过弱则无潮。此乃海潮效应。人才与社会时代的关系也是这样。

社会需要人才，时代呼唤人才，人才便应运而生。依据这一效应，作为营销团队的管理者，要加大对人才的宣传力度，形成尊重知识、尊重人才的良好风气。对于一个公司来说，重要的是要通过调节对人才的待遇，以达到人才的合理配置，从而加大本公司对人才的吸引力。现在很多知名企业都提出这样的人力资源管理理念：以待遇吸引人，以感情凝聚人，以事业激励人。

☞谨慎运用马太效应

有这样一个故事：天国主人要外出，临走前把银子分给了 3 个不同才干的仆人，分别是 5000 两、2000 两和 1000 两。那个领 5000 两的随即去做买卖，又赚了 5000 两银子；领 2000 两的也赚了 2000 两银子；唯独那个领 1000 两的把银子埋到地里。主人回来，对前两位大加赞赏，用原数奖励他们，却把第三个仆人的 1000 两银子收回来奖给了第一个。随后告诉他们：凡是有的，还要加给他，让他有余；没有的，连他所有的也要夺回来。这就是马太效应。

这一效应可以给予我们三点启示：一是要根据每个人的实际能力，委以相应的工作，授以相应的职务。二是要引导人才适应市场经济的发展，树立竞争意识，积极参与竞争。只有才干而不去运用，也是不受欢迎的。三是要运用目标激励机制，奖勤罚懒、优胜劣汰。只是在运用过程中，要根据政策掌握分寸。

☞避免运用首因效应

第一印象所产生的作用称为首因效应。根据第一印象来评价一个人往往失之偏颇，被某些表面现象蒙蔽。其主要表现有两个方面：一是以貌取人。

对仪表堂堂、风度翩翩的容易得出良好的印象,而其缺点却很容易被忽视。二是以言取人。那些口若悬河、对答如流者往往给人留下好印象。因此在选拔人才时,既要听其言、观其貌,还要察其行、考其绩。

☞积极运用异性效应

俗话说"男女搭配,干活不累",这句话在现实中一直能够得到验证。科学家曾发现一个有趣的现象,在太空飞行中,60.6%的宇航员会出现头痛、失眠、恶心、情绪低落等症状。经心理学家分析,这是因为宇宙飞船上都是清一色的男性。之后,有关部门采纳了心理学家的建议,在执行太空任务时挑选一位女性加入,结果,宇航员先前的不适症状消失了,还大大提高了工作效率。这便是典型的"异性效应"在起作用。

据调查统计发现:大部分的销售团队,如果成员全是男性,这个团队的平均业绩往往都不是很理想的,如果团队男女比例差不多,这个团队的平均业绩相对来说就比较好。原因就在于:许多人在异性面前会非常愉快地完成那些在同性面前极不情愿完成的任务,有时还表现得十分机智、勇敢,而许多上司也乐意让男女同事成为搭档,共同完成一个项目。在日常生活工作中,特别在请求帮助或商洽事情时,"异性效应"也不时闪现出独特的作用,尤其是俊男俏女,若能合理地驾驭"异性效应",则往往会取得满意的效果。

异性效应在男女两方面的心理机制是:首先,男人在女人面前更有成就感。前面提到当对宇航员进行了合理的异性搭配后,不仅先前不适的症状消失了,还大大提高了工作效率。心理学家分析,和女同事一起工作,会让男性觉得格外赏心悦目,而且更有成就感。这是因为男性比女性更喜欢通过视觉获得异性的信息,容貌、发型等外部特征都能引起他们的兴趣,对他们的感官造成冲击,从而引起心理上的愉悦与兴奋。此外,男性的表现欲和征服欲往往比女性强，潜意识里希望得到异性的赞美和欣赏。一旦得到女同事的赞赏，男人们的心理体验将得到极大满足，心理上的成就感冲淡了工作带来的劳累和压力，所以感觉不到累。

其次，女人和男人共事更安全。女人们总待在一起会感到"疲劳"。很多白领女性觉得，女人心细如发，因此时时要小心谨慎。和男性共事，则不必为琐碎的小事操心，更放得开，更有安全感。另外，她们一般都觉得，男人的责任应该更大些，肩上的担子应该更重些，因此她们在工作遇到困难时，一般倾向于向男同事求助。而且，女性的潜意识中也存在攀比和争夺的欲望，向同性求助会令她们觉得"丢面子"或有"欺压"、"占便宜"之嫌。还有一个很重要的原因则是，女性的心思远比男性细腻，被同性关注和被异性关注的感觉是不同的。因此，得到男同事的关注或赞赏后，女性会觉得自己是优秀和出色的。这种心理体验得到满足后，她们便觉得有一个新的努力方向，工作中的委屈和劳累便会"大打折扣"。

男女搭配也有前提。在一个成功的团队中，有男有女固然不错，但也受到某些因素的制约，把这些因素控制好，便可起到提高工作效率的作用。首先，要平衡男女的比例。心理学家发现，"万绿丛中一点红"和"众星捧月"都不能创造最高的工作效率，女性的比例至少应该达到20%。其次，不要将暧昧作为提高效率的动力。男女搭配干活，一定要端正心态，彼此只是朋友。如果掺杂过多男女之情，短期看确实可以配合得更默契，可久而久之，工作就会被私人感情所累，难以继续。

总之，营销团队的人力资源管理是管理的主要内容，它是保证人力资源培养、选拔、使用的有效方法。在实践中，营销团队管理者如果灵活运用人事心理效应，就能充分调动下属或人才的积极性，使人尽其才、才尽其能，从而使工作效能达到最优。

第八章 "互联网＋"时代的品牌策划

　　品牌价值来源于对消费者的正确把握，那种看似轻描淡写的企业品牌的成功，其实是源自抓住消费者内心的成功。在"互联网＋"时代，更多的品牌还是要脚踏实地前行，除了传统的品牌营销理论做支撑之外，品牌策划需要把握新产品上市的背景，运用产品营销的虚实策略，策划产品承诺和履行承诺，做好新闻营销的策划。从整个经济大格局上来看，品牌仍然是决定企业成功与否的核心要素。

一、新产品上市如何进行背景策划

　　《孙子兵法》有云："上兵伐谋，其次伐交，其次伐兵，其下攻城。"意思是说，上等的用兵之道是凭借谋略取得胜利，其次就是用外交战胜敌人，再次是用武力击败敌军，最下之策是攻打敌人的城池。我们的祖先几千年前就已经提出，每一次的战争都必须"运筹于帷幄之中"，方才能"决胜于千里之外"。当今商场也一样，为了保持企业的市场活力、扩大市场份额，很多企业试图通过持续不断地开发新产品来推动企业销售增长，但大多数结果是出现了"产品结构乱，品种上量难，品牌提升慢"的现象，打乱了整体市场的销售布局。

推出新产品的策略是对的，但没有哪一个新产品的上市能随随便便成功。在这里，新品上市的背景策划是制胜市场的重要一环。产品背景是一个情感，可以让消费者认同你、认可你、相信你。背景还是一个故事，让消费者通过故事喜欢上你，从而购买产品。

策划一个好的背景，要有神秘、磨难、神奇、真实，这样可以满足消费者的好奇心，因为很多人都是很"好奇"的。那么具体怎么做呢？可以根据营销专家总结和提出的 10 个重要背景进行对应策划。

（1）产地背景。产品是哪里生产的？越神秘的地方，生产出来的产品就越珍贵，如果没有神秘怎么办呢？可以制造出神秘来。产地的背景和人的心里第一印象要对应，营销术语叫"心智"，例如，牛奶的产地让我们想到了草原，西藏让我们想到了酥油茶，福建的安溪让我们想到了铁观音……这就是说，任何一个产品，总可以找到合适的"产地背景"。

（2）专家背景。很多企业会说，我们的产品没有设计专家，怎么办？没有可以请，请不起我们可以制造，这不是假冒，这是营销的手段。任何新产品，或者是老产品更新，都有一个从无到有的过程，既然是从无到有，那就是"发明"了，包装好"发明人"，那他就是你的专家了。

（3）研制背景。权威机构研究出来的产品，在消费者的心里就是好产品。新产品可以对研制的过程做一个包装，找出一些细节出来塑造。例如，研究了多久？有多少次失败？在研究的过程中发生了哪些感人的故事？是不是倾家荡产才研究出来的？目前有很多公司去注册新公司，那么一定要注意一些细节，要和权威挂上钩。例如，"某某某英语快速掌握教研所有限公司",在宣传的时候把"有限公司"去掉,改为"某某某英语快速掌握教研所",这里真正有价值的是"教研所"3个字,因为消费者非常认同这个。

(4)历史背景。一段历史,不仅可以让消费者回忆往事,更重要的是消费者会对你公司的"历史"感兴趣,会认为一家历经艰苦创业的公司一定会注重产品质量和服务水平。中国有五千年的历史,一个公司也有自己的创业史,我们可以从公司的历史中找出与新产品对应的历史背景来。这方面有一个提示:历史背景切忌应用到科技类产品上,否则会出现大笑话。

(5)材料背景。物以稀为贵,这正是材料背景塑造的真正目的。就像咖啡,最贵的是"麝香猫咖啡",全球一年才产几百斤,当然这是奢侈品。普通的产品怎么塑造背景呢?其实这也不是什么难事,可以用神秘的产地来支撑材料,也可以用科技含量高的技术来体现材料。例如,"天无三日晴,地无三尺平"的贵州雷公山深处,生长出一种神秘的植物"半枫荷",苗家人祖祖辈辈产后用其洗浴,三天后就可下地干活,而且不得风湿病,据此,不妨设计"×××胶囊,来自××"。

(6)技术背景。例如,美尔风水宝的德国军工技术、GVS全球预警系统的以色列军工预警技术、摄力雷达的国际安防技术……别小看这些,其中摄力国际是国内招商圈非常有名的公司,专注于招商行业,该公司的项目曾经创造过3个月汇款5000万元的奇迹。

(7)故事背景。来看这样一个故事背景的设计,你一定会有些感悟。这个故事背景设计的是"藏秘熏蒸故事"。文成公主下嫁松赞干布,进藏后身体虚弱,疾病缠身。松赞干布四处寻医,转世活佛特地为文成公主配制"活佛三宝",不出半月,文成公主恢复健康。转世活佛献出"活佛熏蒸秘方",并叮嘱每天一次足熏蒸、三天一次全身熏蒸。文成公主进藏40余年,直到离世,身体依然健康。

（8）机构背景。品牌出炉常常需要具有产品质量评价资质的机构予以认定。例如，中国产品质量评价中心 1996 年经国家批准成立，是中国产品质量发展领域中全国性、专业性、公益性、不以盈利为目的的行政事业单位，推广全国范围内产品的品牌认定、质量评价和名牌培育工作。如果你的产品获得了类似的合法权威的产品质量评价机构的认可，那么在新产品上市设计时一定要大书特书。

（9）配方背景。例如，"百日中风再造丸"的中日韩三国 83 位一流脑科专家经过 5 年研究的配方，充分体现了这个产品的配方非常权威。再如，法兰琳卡广告产品"白白霜"是一款具有国际背景配方的明星产品，白白霜所选用的配方最初是由德国人专为医学美容术后的肌肤所设计的，尤其是给进行过激光治疗的人使用，故被称为"伤痕保养霜"，能提供给皮肤保护及修护效果，并兼具视觉上修饰皮肤的优点，之后进入韩国的美妆市场并造成了大轰动。

（10）名人背景。例如，原国家领导或著名书法家为项目亲笔题词，这是"名人效应"在新产品推广方面的应用。在这里，与名人背景具有同等效用的还有明星背景，例如韩国时尚女鞋领导品牌"圣恩熙"购买几十个韩国电视剧海报的中国发行权，并利用几十个韩国明星大力宣传，圣恩熙在中国建立了数百家专卖店。

当然，不同的阶段、不同的背景，决策的重点内容和难点内容也不一样。从侧重点上来讲，新产品营销策划上市阶段的主要内容是整合传播和形象占位，重在拉力的建设；而推市阶段的主要内容便是互动推广和销售促进，重在推力的建设。通过上市阶段与推市阶段的相辅相成、推拉结合，从而实现决策的环环相扣、层层递进。

二、产品营销策划方案的虚实策略

什么是"虚与实"？"虚"就是没有直接的利用价值；"实"就是只有可以使用的价值。在产品营销策划方案中，运用虚实结合的策略，才能达到最完美的效果。

例如，皮包界的龙头老大 LV，一直被人们视为奢侈品。为什么卖得很贵？就是因为 LV 在营销中运用到了"虚与实"。LV 包的"虚"是满足消费者喜欢炫耀的虚荣心理；LV 包的"实"是可以容纳一些日常用品，如化妆品、笔记本、小钱包等。如果 LV 包没有实际的价值去支撑，只靠虚的东西是卖不出去的。但如果只有实际使用的价值，就满足不了人们炫耀的心理，价格也绝不会太贵。

由此可见，合理地运用营销的"虚与实"，会为企业带来更好的利益，为企业创造更高的价值。

☞虚实的特点与功能

虚实的特点与功能体现在以下三个方面，如表 8－1 所示。

表 8－1　营销虚实的特点与功能

特点与功能	内容
暗示性	某收藏品零售价格接近 2 万元，产品"虚"的策略是"留给子孙的财富、镇宅、纪念伟大领袖"，产品"实"的价值就是一块非常普通的玉。如果前面没有"虚"的策略，普通玉最多也就几百元，想卖到接近 2 万元的价格是奢望

特点与功能	内容
概念性	脑白金是概念性的虚实结合，送爸妈表孝心是虚，产品可以润肠、帮助老人睡眠是实际的作用价值。如果脑白金没有实际的价值去支撑，只有虚的意义，那么是卖不出去的。但如果只有实际使用的价值，符合不了人们"百善孝为先"的心理，脑白金的零售绝对达不到好的销售效果。有了虚与实结合的策略，脑白金超脱了产品本身创造的利益，达到了更好的销售效果
等于性	拥有了某款奢侈品，就"等于"有了一定的经济实力、"等于"有了一定地位，也"等于"有了一定的品位。"爱炫耀"是人类共同的心理特征

☞虚实的策划思路

在策划产品虚实的时候，可以从以下三点着手策划，如表8-2所示。

表8-2　营销虚实的策划思路

思路	内容
产品性	分析产品的特性，如"风水宝"产品是一款普通的空气净化机。为了支撑几千元的价格，在仔细分析产品的工作原理后，发现空气净化过程中，有风有水，正好和"风水"同字
利益性	销售人员的职责在于把产品的特征通过介绍转化成客户的利益：你的产品或服务将如何使他们的生活和工作变得更加简便快捷；如何为他们省时省钱、缓解痛苦、减轻压力；能帮助他们解决哪些具体问题。无论你销售的是什么产品，请你找出这种产品带给客户最大的好处是什么，要想办法让你的客户知道，买下它比不买它要划算
心理性	女人美容的目的是什么？所谓"女为悦己者容"，没有哪个女人会为自己美容的，都是为了欣赏自己的人去美容

当然，作为一个新产品的策划，除了上述三点，还要考虑到资源的稀缺性、专家的权威性等。

☞产品策划切忌太虚与太实

产品策划过程中要把握好虚、实之间的关系，切忌太虚与太实，如表8－3所示。

表8－3 产品策划的虚实禁忌

禁忌	内容
产品过虚	北京八达岭长城曾经有一款旅游产品，客户与八达岭长城合作办了一个"好汉签发中心"，卖一款"好汉卷"，产品本身属于好产品，但宣传的时候，没有体现任何产品的价值，全部是"不到长城非好汉"的好汉精神。如果倒退几十年，这款产品估计会发生抢购现象，但现在再说什么好汉精神，其实际的价值又是什么呢？在今天这么现实的社会里，没有实际价值的产品，是卖不出去多少的
产品过实	国内做 OEM 的企业，几乎都在打价格战，原因都是以产品实际价值为核心，不体现任何虚的策略。如牛奶，奶农提供新鲜的牛奶，这是实际的产品，只能按斤卖给像蒙牛这样的企业加工后出售。再如牛肉，日本把虚的策略嫁接进去，喝啤酒、听音乐、享受按摩的牛，卖得就贵，这一点应该向日本学习

三、营销策划案中如何做产品承诺

在当今市场经济下，由于受体制转型、机制不健全等客观原因影响，诚信缺失严重，诚信成了一种稀缺品。各种假冒伪劣产品充斥市场，合同违约、商业欺诈现象也处处可见，三角债、拖欠款和银行不良债权反复出现，甚至出现各种经济犯罪案件。正所谓物稀则贵，海尔的"真诚到永远"这句承诺不知吸引了多少顾客，海尔的品牌价值早在 2006 年就已经达到 680.93 亿元。

做产品承诺正是以诚信为基础，而且营销的实质是承诺与细节，为此，做产品承诺无异于润喉之泉，填补营销理念之空白。

好的方法必定会广为传播，也会被许多其他的公司学习采用。就像做祛痘产品的莊典国际，也为其产品"痘根尽"做出承诺：如果发现有其他祛痘产品的品质超过了莊典名品——痘根尽，奖励人民币 10000 元。同时，莊典国际也表示热忱欢迎任何人寻找身边满脸长痘者，或者用其他产品久治不愈者，亲身检验痘根尽治疗青春痘的神奇效果，让事实来说话。事实证明，莊典国际的承诺式营销给莊典国际自己带来了许多好处：增强了消费者对于产品"痘根尽"的信心，同时也让销量不断上涨。

☞营销策划案中的产品承诺

在营销策划案中做产品承诺，需要考虑以下两个重要的问题，如表 8 - 4 所示。

表 8 - 4　营销策划案中产品承诺需注意的问题

问题	内容
对什么人承诺的问题	购买人群和消费人群不一定是同一人群，承诺要注意的就是承诺要专一，千万不要多方承诺。例如，对于学习类的产品，买单的大部分是家长，承诺的人群需要锁定在家长身上；对于收礼的人和送礼的人，承诺的对象要偏重在收礼的人群上；对于老人的产品，承诺的对象要给老人……另外还要考虑需要承诺，如女人需要的承诺是漂亮、老人需要的承诺是健康、家长要的承诺是分数、老板要的承诺是业绩等
什么时候可以兑现承诺的问题	一方面，当顾客准备掏钱买单的时候，会问一个问题，你给我的承诺，什么时候可以兑现？没有兑现的时间，什么承诺都是假的。另一方面，不同类型的产品，承诺的时间也不一样，但要切记时间不能太长，买单的人是急需解决问题的，他们不会给你太长时间

☞兑现承诺的实施步骤

只是在营销策划案中做产品承诺不是我们的目的，关键是看能不能兑现承诺，落地实施，这是任何商业承诺的最后落脚点。我们先来看一个用产品质量兑现客户承诺的案例。

晋丰公司注重产品质量决定市场地位，并为此成立了管理委员会，对产品质量进行严格把关，对进场的原材料、辅料、半成品进行全面检验，不接受任何的不合格产品，也不允许任何不合格的产品流入市场。一是重点环节对口分析。该公司各个生产车间的分析员工，对煤质、气体成分、水质进行化验，确保每个生产环节的质量数据符合指标，同时质检科抓住尿素粒度、缩二脲含量、水分、粉尘量等关键因素，对尿素成品重点抓好采样、检测、出厂等环节检验，实现检验人员专项对口检查，确保化验数据准确无误。二是产品取样定点分析。为提升产品优级品率，该公司坚持每班在皮带定点抽取尿素产品，及时分析，确保生产出的尿素产品各项数据符合指标，同时留取产品备份，确保产品出场合格率100%。三是质量竞赛提高意识。该公司组织化验人员定期进行理论和实际操作技能培训，举行产品质量竞赛活动，不仅能有效地提高化验人员专业水平，更重要的是提高了员工的质量意识。四是品牌尿素占领市场。蓝色和黄色多肽尿素成为该公司赢得市场的差异化产品，在2014年春耕备肥的时候，该公司的专用配方肥初入市场，就赢得了农民的追捧。晋丰公司从每个环节严控工艺指标，做好产品质量管理，出厂合格率达到百分之百，深得经销商和农户的喜爱，销售覆盖网由18个省份增加为23个省份，出口渠道扩展到了越南、印度等国家，赢得了农户的好评。

事实说明，通过产品质量把关来兑现承诺，是一个行之有效的方法。

在营销推广中兑现产品承诺，应该实施"了解客户的优势需要、确定营销主题、确定承诺实施方案、承诺执行、承诺执行的效果回馈"的统一步骤。下面逐一分解各个环节，如表8-5所示。

表8-5 营销策划案中产品承诺应遵循的步骤

步骤	实施要领
了解客户的"优势需要"	所谓优势需要，指的是客户最关心、最希望得到或最需要解决，同时也希望企业能做出承诺的需要。有效的承诺强调与消费者的沟通，关注顾客的心理需求是否得到充分满足。所有的购买者都希望企业对所购产品在自己最关心的问题上给予承诺。因此，只有充分研究消费者的欲望和需求，并将承诺贯穿于营销活动的全过程，才可能使自己的产品成为市场亮点
确定营销主题	一般来说，客户的需要很多，因此承诺的内容也很多，可以从这些需要中提炼出客户最重要的三项优势需要，结合自己的核心卖点，将这三项进行有机整合，形成核心承诺，再经过语言加工，形成营销主题
确定承诺实施方案	承诺实施方案的制定自始至终必须以承诺主题为中心，各个方案模块可能内部自成体系，但模块之间也必须考虑到横向联系。实施方案的可行性、创意性、有效性是营销策划师必须充分考虑的问题。特别是"可行性"问题可能是承诺最难解决的问题，因为承诺本身意味着风险，不能践行的承诺给企业带来的负面影响更强
承诺执行	一旦制定了正确的承诺方案，承诺执行力就显得尤为重要了。与一般的营销理念相比，承诺更注重执行，因为承诺的本质是细节的到位性。承诺执行的偏差主因就是忽视或轻视对细节的把握。因此，作为执行人员，增强承诺执行力意识、提升承诺执行力水平就成为工作中的重要内容
承诺执行的效果回馈	较之一般的营销理念，承诺的效果是最明显的。效果分为正效果和负效果，营销方案和承诺执行没有超出正常偏差范围，承诺效果表现为正，反之表现为负。作为承诺执行者，必须通过各种媒介方式做好承诺效果反馈，找出自己的偏差和不足，并做好及时纠偏的准备

四、如何策划营销过程中的新闻炒作

每天都有热门事件发生，并且总有一些会成为全民瞩目的焦点。作为营销人需要懂得顺应大环境，借"热门事件"而造势，有句话说得好，"大事发生时我在"，这样就会节省很多精力和成本。新闻热点事件对大企业来说是个塑造品牌的绝佳机会，他们资金较为雄厚；而很多中小企业，则放弃了这样的机会，他们往往认为自己心有余而力不足。但其实营销的机会无处不在，关键在于我们是不是可以另辟蹊径。个性化的营销战略只要方法得当、构思巧妙，所产生的效果丝毫不会逊色于那些资金雄厚的大企业。

对于新闻炒作，很多公司都在做，特别是事件的营销。那么这些公司是如何利用事件来进行营销的呢？我们看看之前《盗梦空间》的营销，以及《让子弹飞》的营销就不难发现，适当地引用当下的社会热点，进行品牌活动的嫁接，可以起到事半功倍的效果。下面通过一个精彩案例为大家解析"热点营销"的五大原则和方法。

美国总统克林顿曾经携第一夫人希拉里到日本进行国事访问，行程中安排希拉里前往东京都大学进行一次演讲。由于当天的风比较大，演讲又在一个露天广场举行，希拉里在演讲中不时被风扬起裙子。很多人都在现场拍摄了照片，其中有一位在冲洗照片时，发现其中有一张，竟然可以清晰地看到第一夫人的裙内内裤。

这无疑会是一件新闻热点事件，但如何利用这个新闻获取更大的价值，是接下来最重要的问题。因为如果新闻热点事件不能与自己的产品有效嫁接，便失去了营销的价值。也就是说，只有美国第一夫人"走光"的内裤是自己公司的产品，这张照片才能产生价值。当时拍下照片的人名叫植田二郎，他立刻联系了一家本土的内裤生产厂家三木，并向他要了一个厂家的 LOGO（商标），通过技术处理将 LOGO 巧妙地印上了照片，然后连夜赶写了一个题为"第一夫人春光泄露，珍贵内衣钟情三木"的图片新闻，并将此新闻隔日刊登在头版头条。一时间各大报纸、杂志和电视广播媒体争相转播刊发，希拉里春光泄露与三木内衣的新闻在全日本迅猛传播。

这一连串的事件自然成为人们热衷于口的街谈巷议，如此巧妙的事件杠杆，立刻将原本名不见经传的三木内衣品牌与美国第一夫人建立了内在联系，这等于是请了第一夫人做了品牌形象代言，而且是完全免费的！当希拉里看到这篇报道时，也只能生气，却无处发火。她知道这个图片是真，三木内衣是假，是三木厂家利用自己进行商业炒作。她虽然十分恼火，但没有提出任何司法诉讼，因为她和她的臣僚们非常清楚，如果要对此事进行追求，恐怕会上了人家的当，因为这样的事越描越黑，连带的新闻会越炒越多，这对自己没有一点好处，倒是给三木这个厂家带来更多的商业利益。因此，第一夫人只得听之任之。而三木内衣也因为与第一夫人之间的关系所形成的营销风暴而一举扬名，并畅销全日本。

从这个案例我们可以看出，策划营销过程中的新闻炒作，就是通过营销人员大脑的创造，将一件本来可能不具备新闻价值的事件赋予其新闻性，或经过精心策划，有意识地安排某些具有新闻价值的事件在某个选定的时间内发生，由此制造出适于传播媒介报道的新闻事件，从而收到了理想的营销效果。

新闻策划是指企业进行事件营销、树立企业品牌形象的新闻策划，它与真正意义上媒体的新闻策划不是一个概念。企业新闻策划就是企业的营销策划人员从企业实际及营销需求出发，按照新闻规律，"制造"新闻事件和新闻热点，吸引新闻媒体的注意和报道，以此来树立企业和品牌形象，营造企业良好的外部发展环境，创造产品市场，培养、培育消费需求。具体来说，需要按照以下的原则和方法来进行。

（1）要有公众可参与的"事件"。超级女声为什么能够轰动全国，因为决赛时全国人民有接近1/3都在收看，不少人都在通过拇指互动，有的还动员亲友参与其中。其实，大众在娱乐的时候也娱乐着自己，所以热点营销如果要起到显著的效果，首先要有公众可参与的事件。在此前提下，如果能够很好地策划，利用某一事件来激发人们的好奇心理，营销者将会收到良好的市场促销效果。

例如，在谢亚龙下课风波闹得沸沸扬扬的那段时间，联想在某门户网站体育频道一则谢亚龙相关下课新闻下推出了一个"想乐就乐，就算谢亚龙不下课"的话题，点开后可以看到联想Ideapad——新想乐主义的视频广告内容。这个标题档形式的广告内容推出当天就获得了11万次的点击率，而回帖数也达到2000多条。

对于新闻热点营销来说，影响的范围越大，效果自然就会越好。往往营销失败的主因就是缺乏公众的参与，也就是说策划营销的主体事件，没有足够的影响力和吸引力。所谓热门事件，就是最近发生的、具有一定影响力的、能够吸引人关注搜索的、有一定的波及范围和代表性意义的事件。百度给出的释义有以下四点：比喻兴盛的、吸引人注意力的事物；指能吸引许多人的事物；形容事物受众人关注、欢迎等；比喻时兴的引人注目或吸引人的事物。无论是哪一点释义，都包含吸引人这一要素，由此可见，吸引人，是热门事件的一大特性。

（2）要学会有效"嫁接"。社会上每天都会发生大大小小的事件，每一件事都有可能成为新闻，这就要看观察者敏锐的洞察力了。一次成功的新闻事件营销有时需要机遇，但更重要的就是观察力和想象力。找到新闻热点后，最重要的问题就是怎样把公司和产品或者概念嵌入新闻之中，最好要嵌入得不露痕迹，才能达到借势传播的效果。

脑白金在这一点上是比较成功的，当时克隆技术是被大家炒得沸沸扬扬的新闻热点，脑白金巧妙地利用了这个新闻点，并且把脑白金技术巧妙地嵌入，写出了《生物技术的两大突破》这篇文章，把脑白金技术和克隆技术相提并论。由于嵌入巧妙，刚刚刊登出来的时候被很多人误解为新闻，传播效果相当好，甚至有被其他报社当作科技新闻全文转载的事情出现，可以说起到了出乎意料的传播效果。

（3）寻找沟通兴奋点，与关注者互动起来。我们来看看 2008 年世界杯期间，各大门户网站是怎样互动的。新浪网别出心裁，利用"围观世界杯"吸引更多网友的关注，数以万计的微博实时评论，24 小时全天候刷新，异常火爆。东风日产针对世界杯主题开展的落地活动可谓别具一格。他们从 32 位球迷消费者中层层选拔出 8 位选手，历经近乎残酷的"激战"后，两位选手脱颖而出，成为南非世界杯的"超级球迷"。这两人将获得月薪 10 万元，可谓"史上最牛兼职记者"。10 万元兼职月薪成为了这场营销事件的噱头，不管人们怎么评论，起码让众人知道和记住了这个汽车品牌。这种营销战术对品牌知名度的提高意义是比较深远的。

同时，很多事件都是需要自己精心策划后再执行的，而事件营销策划必须与自身的宣传目的有着密切的联系。一些大事件总能引起社会关注和公众的兴趣，只要我们找到合适的切入点，巧妙地把企业、产物和事件结合起来，然后尽量让消费者自发参与进去，以沟通来创造事件之外的真正价值。实践证明，一种能吸引消费者参与互动的营销方式，往往会取得较好的回报。

（4）要充分利用新闻热点的时限性。一般新闻热点持续的时间不会很长，一段时间过了之后关注程度普遍会呈下降趋势。例如，在汶川地震时，很多企业捐钱捐物，在第二天的报纸或电视上露了一下脸就没有动静了。这难道能称之为新闻营销吗？我们尊敬这些企业家无私的奉献精神，但从营销角度上不能不说是一次失败。王老吉却利用捐款来炒作新闻，让这个品牌家喻户晓，成就了王老吉的美誉度，同时也让王老吉的销售量一路攀高。

在众多捐助企业中，王老吉捐出了1亿元，但和它捐一样多或者捐得比它多的企业有很多，为什么只有王老吉的影响力最大？要知道新闻不炒作就没有价值，很多企业做了公益，但公众都不知晓。那么，王老吉究竟做了什么？首先，王老吉整合了消费者的爱国意愿；其次，王老吉整合了当时的时事热点，也就是地震事件进行营销；最后，王老吉整合了各大媒体资源，以论坛资源以及网络新闻等免费资源进行宣传。正因如此，通过当时的社会活动，加上网络媒体的宣传，王老吉用1亿元的捐款换来了至少10亿元才能做到的广告宣传效果，王老吉借四川地震的新闻营销，取得了丰厚的回报。

（5）要制定不同阶段的营销策略与方案。热点新闻事件是稀缺资源，这就要求企业在新闻事件营销的实行过程中，即使是一个很小的事件也要分轮次传播，以求达到营销的最大化。

在媒体受众细分的当今，企业完全可以根据不同媒体制定不同的新闻方向，分层次、分时间段地进行新闻渗透，让企业品牌在一个新闻事件中得到最长时间和最大规模的传播。同时，企业在根据新闻热点推出营销活动时，必须重视与媒体的沟通。这将向媒体展现企业迅速有力的品牌执行力，从而通过媒体向大众展现企业的活跃形象。

　　值得说明的是，任何的事件营销策划都是一把双刃剑，成功的事件营销往往能够以廉价的成本吸引众多消费者的关注，迅速提升企业形象，扩大品牌的知名度、美誉度，如果运作不好可能给企业带来难以挽回的负面影响。所以，企业在开展事件营销时，要注意风险的预测与控制。

后　记

在营销中有一句话：营销的过程，就是让客户首先信赖人，然后信赖企业，最后信赖产品的过程。基于同样的认识，笔者在写作本书时尤其注重理论与实践相结合，以案例展示客户体验。本书在写作过程中得到了许多专业人士的支持，尤其是得到了营销讲师的热情帮助。正是他们的答疑解惑，笔者才能在写作过程中排除了困扰，最终使本书得以完成。在此，对他们表示深深的感谢！

在写作过程中也参考了大量理论和案例文献，有识之士的思想给我们以启迪，成功者的经验让我们钦佩。同时，对于书中引用的资料，我们会及时联系原作者并给付稿酬；对于联系不上的，希望原作者能够与我们取得联系，我们也将合情合理地支付相应报酬。谢谢！

作者